Sur le chemin de
la Roche percée

DU MÊME AUTEUR

- **Théâtre**

Diguidi, diguidi, ha! ha! ha! suivie de *Si les Sansoucis s'en soucient, ces Sansoucis-ci s'en soucieront-ils?* Montréal, Leméac, 1972
Le roi des mises à bas prix, Montréal, Leméac, 1972
Les hauts et les bas d'la vie d'une diva : Sarah Ménard par eux-mêmes, Montréal, VLB éditeur, 1976
Un pays dont la devise est je m'oublie, Montréal, VLB éditeur, 1976
L'école des rêves, Montréal, VLB éditeur, 1979
Mamours et conjugat, Montréal, VLB éditeur, 1979
Les Faux brillants de Félix-Gabriel Marchand, Montréal, VLB éditeur, 1980
A Canadian Play / Une plaie canadienne, Montréal, VLB éditeur, 1983
Les nuits de l'indiva, Montréal, VLB éditeur, 1983
Le miroir aux tartuffes, Montréal, Lanctôt éditeur, 1998

- **Histoire**

Le Feuilleton de Montréal, Tome 1 (1642-1792), Montréal, Stanké, 1994
Le Feuilleton de Montréal, Tome 2 (1793-1892), Montréal, Stanké, 1995
Le Feuilleton de Montréal, Tome 3 (1893-1992), Montréal, Stanké, 1997
Nous étions le nouveau monde, Tome 1, Montréal, Hurtubise, 2009
Nous étions le nouveau monde, Tome 2, Montréal, Hurtubise, 2012

- **Contes**

Rue Fabre, centre de l'univers – Historiettes de mon jeune âge, Montréal, Hurtubise, 2007
Le Cœur rouge de la bohème – Historiettes de ma première jeunesse, Montréal, Hurtubise, 2008
La femme nue habillait la nuit – Nouvelles historiettes de la bohème, Montréal, Hurtubise, 2010

- **Essai**

De tous les plaisirs, lire est le plus fou, Isabelle Quentin éditeur, 2001

Jean-Claude Germain

Sur le chemin de la Roche percée

Dernières historiettes de la bohème

Hurtubise

Catalogage avant publication de Bibliothèque et Archives nationales du Québec et Bibliothèque et Archives Canada

Germain, Jean-Claude, 1939-

Sur le chemin de la roche percée : dernières historiettes de la bohème

(L'arbre)

Autobiographie.

ISBN 978-2-89723-099-9

1. Germain, Jean-Claude, 1939- - Enfance et jeunesse. 2. Montréal (Québec) - Mœurs et coutumes - 20ᵉ siècle. 3. Montréal (Québec) - Vie intellectuelle - 20ᵉ siècle. 4. Gaspé (Québec) - Descriptions et voyages. 5. Dramaturges québécois - Biographies. I. Titre. II. Collection : Collection L'arbre.

PS8563.E68Z474 2013   C842'.54   C2012-942554-0
PS9563.E68Z474 2013

Les Éditions Hurtubise bénéficient du soutien financier des institutions suivantes pour leurs activités d'édition :

· Conseil des Arts du Canada ;
· Gouvernement du Canada par l'entremise du Fonds du livre du Canada (FLC) ;
· Société de développement des entreprises culturelles du Québec (SODEC) ;
· Gouvernement du Québec par l'entremise du programme de crédit d'impôt pour l'édition de livres.

Conception graphique : René St-Amand

Illustration de la couverture : Village de Percé dans les années 1950, par Hedley Vicars Henderson. Document reproduit avec l'aimable autorisation du Musée le Chafaud.

Maquette intérieure et mise en pages : Andréa Joseph [pagexpress@videotron.ca]

Copyright © 2013 Éditions Hurtubise inc.

ISBN 978-2-89723-099-9 (version imprimée)
ISBN 978-2-89723-100-2 (version numérique PDF)
ISBN 978-2-89723-191-0 (version numérique ePub)

Dépôt légal : 1ᵉ trimestre 2013
Bibliothèque et Archives nationales du Québec
Bibliothèque et Archives Canada

Diffusion-distribution au Canada :
Distribution HMH
1815, avenue De Lorimier
Montréal (Qc) H2K 3W6
www.distributionhmh.com

Diffusion-distribution en Europe :
Librairie du Québec/DNM
30, rue Gay-Lussac
75005 Paris FRANCE
www.librairieduquebec.fr

Imprimé au Canada
www.editionshurtubise.com

À Jean, Janet et John, mes amis aujourd'hui disparus

*La lumière est le nu parfait,
sans quoi elle n'habillerait rien.*

Malcolm de Chazal

Comme une image se dévoile au révélateur

Je me suis senti écrivain avec ma première machine à écrire, une Remington portable. Ses touches noires cerclées d'argent étaient hautes et donnaient l'impression aux doigts de caracoler comme des chevaux de cirque qui marchent sur la pointe des sabots. L'écriture me semblait plus incarnée d'être plus mécanique et le renvoi manuel du chariot à la sonnerie de chaque fin de ligne me poussait hardiment vers la prochaine. Sans oublier l'assurance de pouvoir se relire sans être obligé de se déchiffrer.

Blaise Cendrars a merveilleusement résumé ce sentiment dans un poème. Il répondait à une amie qui lui demandait d'écrire au moins une ligne de sa main dans sa prochaine lettre. « Ma Remington est belle pourtant / Mon écriture est nette et claire / On voit très bien que c'est moi qui l'ai tapée / Il y a des blancs que je suis seul à savoir faire » Nous avions le même usage de la machine à écrire. Je tapais principalement d'une main.

Qu'est-ce qui est venu en premier, le besoin d'écrire ou d'avoir écrit ? En glissant la main au verso d'une feuille dactylographiée, on avait au moins la certitude d'avoir gravé quelque chose de permanent sur la page et, en la tenant devant la lumière, les perforations des points et des accents de la surface imprimée évoquaient une pluie d'étoiles filantes. À son endos, chaque feuillet était une carte du ciel. On ne relit pas une police de caractères imprimés sur une page blanche de la même manière que sa propre écriture. On se lit dans sa calligraphie, on lit ce qu'on a écrit dans une typographie.

Mon père ne pouvait pas se douter qu'en m'offrant un *typewriter* de reporter déniché dans un *pawnshop* de la rue Craig, il m'avait fait cadeau de ma première valise de voyageur de lettres. J'appartiens à un temps où les journalistes ne rêvaient pas d'être publicistes, attachés de presse ou politiciens. La majorité des auteurs que je lisais avaient écrit dans les journaux ou les revues, pour la radio ou le cinéma. Ce n'était pas cette part d'exposition publique qui m'attirait en premier, mais l'autre part, plus mystérieuse, où ils étaient poètes ou romanciers.

Dans son premier livre, *In Our Time*, Ernest Hemingway, jeune journaliste, avait condensé son expérience de guerre en une suite de courtes vignettes, où le choix des mots, aussi spartiate que dans un télégramme, faisait mouche à chaque touche. Le retour à la ligne du chariot de la Remington était aussi vif que la lumière de l'aube était crue. Le partisan qui sautait le mur était mort avant de toucher le sol. Ding! Clac!

Hemingway a dit un jour que pour un écrivain, la motivation n'était pas d'atteindre la perfection, mais de toujours tenter d'écrire une coche plus haut que ses capacités du moment. La perfection paralyse. Il faut habituellement un certain temps pour l'apprendre.

J'ai toujours envié les peintres qui, tôt le matin, se pointaient à l'atelier et s'installaient devant leur chevalet pour poursuivre là où ils s'étaient arrêtés la veille. Une fois libérée du motif et du point de fuite, l'œuvre se développait progressivement, chaque décision influençant l'autre. L'automatisme était une sorte d'invocation gestuelle à chevaucher l'aléatoire et donner forme à la matière à la vitesse du hasard.

Devant une des peintures murales du Riopelle des années cinquante, il est difficile de ne pas être frappé d'admiration pour l'ampleur cosmique du regard. Plus qu'un exploit technique, c'est l'œuvre d'un grand maître. Riopelle n'a pas été submergé par le flot continu et la multiplicité exponentielle de ses touches de couleur, pas plus que Michel-Ange n'a été bouffé par l'immensité du plafond de la chapelle Sixtine.

Pour utiliser l'expression d'Ezra Pound, Riopelle est demeuré le « centre inamovible » de son œuvre. C'est d'ailleurs la seule posture à adopter pour la regarder : à travers ses yeux qui ne reproduisent pas un paysage, ni même son abstraction, mais la manière dont il s'invente sans logique apparente.

On éprouve la même sensation devant les *Nymphéas* de Monet au musée de l'Orangerie. Le peintre ne nous invite pas à visiter son jardin, mais à être présents à l'instant même de sa création. La représentation du doigt divin de Michel-Ange a cédé sa place à l'acte créateur lui-même.

Au début du XXe siècle, les littérateurs enviaient les cubistes d'avoir infligé une raclée à l'art figuratif en multipliant les points de vue et en fragmentant les formes. Les dadaïstes se sont attaqués avec autant de vigueur à la suffisance de la culture dominante, palmée, médaillée et bardée de prix. Pour écrire un poème d'une sensibilité charmante, enseignait Tristan Tzara, il suffit de se munir d'une paire de ciseaux, de découper un article de journal, de mettre toutes les découpures dans un sac et de tirer chaque ligne à l'aveugle pour le composer. Devant le pompiérisme, Dada était une masse d'armes !

Les surréalistes, moins iconoclastes dans leurs goûts picturaux, se sont plutôt intéressés aux relations inquiétantes et souvent mystérieuses que les mots entretenaient entre eux à l'insu du sens qu'on leur accordait. Robert Desnos virelanguait avec « les lois de nos désirs sont des dés sans loisir ». Roland Giguère pratiquait l'antiproverbe : « Le défaut des ruines est d'avoir des habitants. » Marcel Duchamp, les interrogations sans réponses : « Faut-il réagir contre la paresse des voies ferrées entre deux passages de train ? » Et se portait non pas à la recherche mais à la défense du temps perdu.

Tout était permis pour saper la dictature du cartésianisme. L'écriture automatique ouvrait la marche, suivie du jeu des cadavres exquis où, comme dans les collages de Max Ernst ou de Jacques Prévert, l'insolence et l'incongru s'invitaient à la noce pour fabriquer de beaux enfants aussi étranges que surréels.

Encore plus radicaux, les lettristes d'Isidore Isou, eux, se sont attaqués à la structure même de la langue en privilégiant la lettre au détriment du mot. La musique discordante qu'ils en ont tirée était plus proche des dissonances dodécaphoniques que de la parole.

Dans cette avenue, la langue exploréenne de Claude Gauvreau a été de loin l'expérience la plus réussie. Dans ses pièces, l'exploréen n'exprime pas uniquement une gamme d'émotions, mais l'intensité dramatique du moment où elles en perdent leurs propres mots. L'instance où il ne reste plus des sentiments que la réminiscence et l'assonance.

Molinari n'avait pas tout à fait tort de demander narquoisement aux peintres figuratifs s'ils arrosaient les arbres de leurs toiles de temps à autre. Les artistes et les écrivains partageaient les mêmes interrogations. Comment peut-on espérer traduire un monde contemporain en utilisant les approches et les techniques d'un autre siècle ?

Dans les années cinquante, le succès du terroir à la télévision laissait plutôt présager une prolongation indue du passé qu'une irruption soudaine de la modernité. Avions-nous été condamnés à ne jamais pouvoir traiter le matériau québécois sans sa gangue folklorique ?

Qui n'a pas rêvé alors de pouvoir lancer une poignée de mots et de caractères romains sur une feuille blanche et d'en tirer un récit ou un poème résolument moderne ? On ne déculotte pas une tartufferie séculaire en déboutonnant cérémonieusement sa soutane. On l'abîme de couleurs vives : caca d'oie aux galoches, jaune moutarde à mi-mollet, la robe verdâtre, le ceinturon rose saumoné, le chapelet bigarré comme un tapis de Turquie, le col néon mauve, le visage mangé par un déjeuner de soleil, les oreilles aile de corbeau, les cheveux bleus de peur et la tonsure rouge comme un cul fessé.

Dans toute la panoplie des arts, la photographie semblait la mieux adaptée pour répondre à l'exhortation frénétique du XXe siècle : « Vite ! Encore plus vite ! Toujours plus vite ! » La distance qui séparait la conception de l'exécution pouvait se réduire à un millième de seconde. Sauf qu'il y avait un hic! À l'époque « argentique », les photographes développaient eux-mêmes leurs négatifs et tiraient leurs épreuves. La chambre noire était un passage obligé que les artistes de l'instantané abordaient souvent à reculons comme les écrivains affrontaient le trou noir de la page blanche ou plutôt le trou blanc de la page vide.

Tout a commencé par le projet emballant d'un étudiant en architecture de McGill. Arnie Gelbart possédait déjà toutes les qualités organisationnelles du producteur de cinéma à venir. Il était parvenu à ouvrir les portes de la galerie du pavillon de génie à une exposition de photos de notre ami commun, John Max.

J'avais accepté de pousser à la roue, sans me douter qu'elle serait fixée à l'arrière d'une berline en mal d'un treuil pour la tirer de l'ornière où elle s'enfoncerait de plus en plus. De toutes les maladies d'artiste, la plus commune est de trouver mille et une raisons pour repousser le moment où il faut s'attaquer à la tâche.

D'une efficacité redoutable pour la prise de photo, John se transformait en un comité autoconsultatif lorsqu'il devait en choisir une. La perspective d'une exposition avait transformé son comité habituel en une véritable commission d'enquête, avec autant de sous-comités que d'arguments. Je me suis même demandé si, avant qu'on lui assigne son appellation générique, la procrastination n'avait pas porté le nom de John Max.

On aurait pu croire que le thème de l'exposition s'imposait de lui-même. Depuis quelques années, Max était le témoin de toute l'activité artistique montréalaise. Il hantait les vernissages, les lancements, s'invitait dans les ateliers, les studios, sur les plateaux de tournage. La peinture, la sculpture, la musique, la danse, la gravure, le cinéma : rien n'avait échappé à la mire de son objectif.

Bref, une suite de portraits des créateurs contemporains à l'œuvre comme thème, et le tour était joué. Magistralement ! Sauf que John avait choisi ce moment précis de sa vie pour remettre en question la « vérité » de la pratique artistique.

Pour ma part, je logeais aux antipodes. En explorant les autres dimensions du réel, l'art et les artistes, à mon avis, n'en étaient que plus vrais. J'avais beau évoquer l'exemple des grands photographes qui avaient donné un visage à la littérature et à la peinture américaine, peine perdue ! Pendant que John écartait une proposition après l'autre, j'entraînais mes yeux à lire les planches-contacts des négatifs en 35 mm comme un artiste-photographe.

Respecter d'abord le cadre original de la prise de vue. Nulle question de recadrer comme dans les journaux. Ensuite, retenir les prises où la répartition de la lumière, la composition des masses et l'instant de vérité du tableau formaient un tout, aussi bien dans un mouvement que sur un visage ou dans un paysage. À l'étape finale, l'image retenue devait correspondre à la vision originale du photographe.

Dans une veine plus néoréaliste, Max avait exécuté une superbe série de photos des commerces de la rue Saint-Laurent. Sauf que maintenant, John s'interrogeait également sur la véracité du spectacle de la rue. Il voulait retrouver une vérité plus primitive qui ne devait rien à la civilisation. Il caressait alors le projet de se rendre au lac Mistassini pour y partager la vie des Indiens cris. Il l'a réalisé par la suite. Sauf que la date prévue pour le lancement de l'expo approchait dangereusement. Un saut dans le Grand Nord pour assouvir sa faim d'authenticité relevait de l'utopie. Il a dû en convenir à son grand regret.

Lors d'un vernissage à la galerie Delrue, nous avions été éblouis par une performance de Suzanne Rivest, qui offrait une sorte de contrepoint à l'abstraction des toiles d'Edmund Alleyn sur les murs. Sa gestuelle énergique tenait plus d'une gymnastique désarticulée que de la danse ou du mime. Ancienne nageuse olympique, elle avait introduit l'expression corporelle à Montréal, une discipline qu'elle a enseignée au Conservatoire d'art dramatique par la suite.

Dans les jours suivants, John s'était présenté à son studio pour lui proposer une séance de photos. Vêtu d'un maillot noir, le solide corps d'athlète de la gymnaste de l'expression évoluait dans un espace blanc. Le résultat s'était avéré d'une plasticité épurée et d'une grande sobriété visuelle.

Tout en admirant la continuité des cinq bandes d'images des planches-contacts de la rencontre, je lance tout à trac qu'on pourrait les réunir sous le thème d'un chemin de croix, où chacune des quatorze stations serait illustrée par une des expressions corporelles de Suzanne Rivest. Une sorte de crucifixion au féminin. Contre toute attente, Max a immédiatement endossé le concept. L'exposition avait trouvé son point focal.

Nous arrivions à l'étape où la photographie affrontait cette page blanche qu'était la chambre noire. Elle était située dans la cave de la maison familiale où John habitait. Chaque fois qu'on devait traverser la cuisine, sa mère nous attendait de pied ferme avec un bol de soupe, du pain et des charcuteries. Tout d'un bloc, le regard perçant, d'un naturel impatient, elle était persuadée que l'art comme l'armée marche sur son ventre.

J'ai gardé un souvenir émerveillé du tirage des épreuves. Devant un agrandisseur, John Max devenait un magicien. Quand ses doigts ne papillonnaient pas rapidement dans le rectangle de lumière, il utilisait une panoplie de cartons de diverses tailles pour l'accentuer ou l'atténuer. Le jongleur donnait alors l'impression d'avoir les mains pleines de points noirs et blancs qu'il parsemait comme des grains de sable sur le papier photographique.

Puis dans le bac du révélateur, les noirs profonds, les blancs poudreux et les gris lumineux de l'image se dévoilaient graduellement. L'épreuve était griffée comme un tableau.

Le soir du vernissage de l'exposition, la réaction fut enthousiaste chez les modernes et réservée pour les classiques. Néanmoins, les stations déjantées du chemin de croix de Suzanne Rivest avaient fière allure.

Deux jours plus tard, Arnie Gelbart apprenait à John que la direction avait exigé le décrochage immédiat de ses photos. La censure venait du donateur du pavillon où la galerie avait ses locaux. John Wilson McConnell était également propriétaire du *Montreal Star*.

Pour attirer l'attention sur notre carton d'invitation, nous avions glissé dans l'enveloppe le tiré à part d'une magnifique paire de seins photographiée par Max. Gauguin ne les aurait pas désavoués. J'ai toujours cru que ce gros plan panoramique du « bénitier du diable », comme on dit, avait provoqué la réaction outrée de McConnell.

J'en faisais part récemment à Arnie Gelbart. Il s'est contenté d'un sourire amusé. « Tu crois que Jésus en femme et en collant n'était pas blasphématoire ? » C'est vrai que j'avais rédigé un texte liminaire qui pouvait le laisser supposer.

L'incitation à l'irrévérence venait d'Apollinaire : « C'est le Christ qui monte au ciel mieux que les aviateurs / Il détient le record du monde pour la hauteur. »

Ne m'attendez pas ce soir, car la nuit sera noire et blanche !

Les soirées de la bohème étaient propices aux conjugaisons surprenantes qu'André Breton place sous le signe « du spontané, de l'indéterminé, de l'imprévisible et de l'improbable ».

Au rayon de ces rencontres insolites, je me revois dans une piaule avec John Max, en compagnie d'un poète de l'Île-du-Prince-Édouard. Ce qui, avouons-le, était encore plus rare qu'un mouton à cinq pattes !

Milton Acorn nous avait invités dans son meublé, au sous-sol d'une maison anciennement cossue de la côte de la rue Saint-Urbain, pour nous offrir son premier recueil de poésie, *In Love and Anger*.

Après avoir été pompier, manœuvre et débardeur, il se présentait comme socialiste et menuisier. Son bouquin, illustré par Roussil, rappelait que son ami Robert avait déjà pratiqué le métier de réparateur de clocher. D'où lui venait sans doute sa propension à carillonner sa révolte chaque fois qu'un imbécile s'attaquait à ses œuvres ou à sa liberté d'expression. À ce titre, Acorn aurait été de service pour l'aider à tirer les cordes à en décrocher le battant des cloches.

Il était revenu de la Seconde Guerre mondiale avec une plaque de métal vissée dans le crâne et la rage au cœur contre les pourvoyeurs de chair à canon. « Je revois la distribution des lettres sur le Rhin / du courrier qui avait suivi nos armées à l'Est / des lettres de pères, de mères, de sœurs, d'amis, de fiancées / et j'entends l'énumération monotone : décédé ! décédé ! »

Son gabarit charpenté pour hâler un filet de pêche était complété par un visage taillé à la serpe. Dans sa chambrette à peine plus grande que la cabine d'un petit bateau, j'étais assis sur le lit, John était debout près de la porte et Milton dans l'étroit passage qui menait à une table de chevet un peu déglinguée, coiffée d'une lampe Tiffany défraîchie.

Pour ne pas se frapper aux poutres du plafond de l'étage des maîtres, il devait marcher voûté. Un peu comme sa poésie populaire qui ne pouvait redresser la tête et lever le poing sans se faire tomber dessus.

Une fois installé à Toronto, ses œuvres systématiquement ignorées par les jurys du prix du Gouverneur général, il conteste chaque refus en battant le rappel. Pas question de jouer les bons perdants ! Il avait l'habitude des batailles de rue.

« J'ai trop souvent eu un arrière-goût de sang dans la bouche pour regretter là d'où je viens. Mais le regard de ma mère était comme la caresse duveteuse et mordorée des champs d'avoine ; sa voix de pluie enrichie par l'odeur des lilas : et je l'aimais trop pour accepter de la voir condamnée à traîner son lot comme un traîneau sur un chemin de gravier. »

En 1970, c'en est trop ! Sa dernière parution, *I've Tasted My Blood*, est de nouveau boudée. L'auteur explose.

Il n'est pas le seul à croire qu'il s'agit là de son œuvre maîtresse. La communauté littéraire torontoise s'insurge et serre les rangs. Al Purdy, Irving Layton et Margaret Atwood lui décernent, avec médaille et ruban à l'appui, le titre honorifique de « Poète du Peuple », qui est un peu celui de poète des poètes.

Le « troubadour de la classe ouvrière » défend la poésie sur toutes les tribunes, donne des ateliers, des lectures, encourage les jeunes poètes, suscite la naissance de maisons d'édition. Il a eu le don d'être à Montréal quand la métropole était encore le foyer de la poésie *canadian*, et à Vancouver le temps de jouer un rôle majeur dans la prise de parole des poètes de la côte Ouest.

Pratiquant en alternance l'emportement et l'enthousiasme, Milton Acorn a vécu modestement une grande partie de sa vie dans une chambre d'hôtel torontoise, proche cousine de la chambrette montréalaise où nous l'avions rencontré.

Une phrase de Roussil a été taillée sur mesure pour résumer la carrière de son frère d'armes. « Ma bagarre est un conflit continuel avec moi-même qui se régénère constamment dans une confrontation avec le pouvoir établi. »

Pas question, pour l'un ou l'autre, de cautionner la pratique bourgeoise de « voler, manger, chier, tricher, courir, dormir et mourir dans l'heurosité, avec la béatitude du voyeur, dans le confort de l'impuissance ».

Une heure plus tard dans la soirée, au carrefour par excellence des rencontres inopinées, la fameuse intersection Peel et Sainte-Catherine, que les anglophones s'obstinaient à considérer comme le centre de Montréal à l'instar du Bloor and Young torontois, nous étions plongés dans une conversation récurrente avec le professeur Stewart Wilson, mouton noir de la Faculté d'architecture de l'Université McGill et personnage légendaire pour ses excentricités.

Grand, efflanqué, en état de perpétuelle agitation, il déambulait toujours d'un pas rapide et rageur. Même lorsqu'il faisait du sur-place, il semblait poursuivre deux actions en même temps : parler et penser à autre chose.

Dans le cas présent, à la « chose des choses », en particulier et en général : son épouse. Compatissant, Shakespeare aurait dit : « Les clameurs venimeuses d'une femme jalouse sont un poison plus funeste que les dents d'un chien atteint de la rage. »

La dame, qu'on imaginait facilement excédée par son agitation perpétuelle, lui fermait non seulement son lit, mais souvent la porte de leur appartement. Il devait donc se résoudre à dormir dans le bureau qu'il occupait à l'université. Le règlement l'interdisant, ce soir-là, les janissaires l'avaient expulsé de l'édifice. Ce n'était ni la première ni la dernière fois.

Wilson râlait contre la grande responsable de ses déboires. « J'ai cette femme-là sur le dos et dans les jambes. Il n'y a pas une seule rue de Montréal où je n'ai pas marché sur elle ! » Il n'exagérait en rien. On le croisait partout et à toutes les heures de la nuit, aux alentours du El Cortijo ou de La Hutte, du El Morocco, boulevard Dorchester, ou du Café Martin, rue de la Montagne, autour du Forum ou de la Grande Loge maçonnique, rue Sherbrooke.

Sous la pluie, dans la neige ou la canicule, Wilson arpentait les grandes artères, surgissait des petites rues, gravissait les côtes. Le visage creusé, toujours pressé, il poussait une pierre de Sisyphe qui roulait sans fin dans sa tête, halé en avant comme les condamnés qui purgent une peine éternelle dans les contes médiévaux.

Comme architecte, Stewart Wilson avait été responsable de l'aménagement art déco de la taverne Saint-Régis, un local situé rue Sainte-Catherine Ouest, un peu à l'est du carré Phillips. Si les élèves du collège Sainte-Marie, anciens et nouveaux, avaient eu vent de son existence, ils lui auraient décerné un doctorat honorifique sur-le-champ.

Pour bon nombre d'entre eux, le Saint-Régis avait été un lieu d'apprentissage tout aussi marquant que le collège, l'église, ou le théâtre du Gesù. Seuls les élèves des classes de philosophie étaient en âge de le fréquenter. Dans les faits, les plus délurés des classes de Belles-Lettres et de Rhétorique leur emboîtaient prématurément le pas.

Une présence étudiante aurait juré dans une taverne de quartier, mais les jésuites ne nous imposant pas le port d'un uniforme, la nôtre se confondait dans la masse veston cravate du centre-ville qui fréquentait le Saint-Régis. À l'ère duplessiste, avoir « l'air légal » était généralement suffisant pour aller voter, aux vues ou à la broue.

La rencontre de la « Waitrisse » pour plusieurs d'entre nous avait marqué notre première relation avec une femme « d'expérience ». Aux antipodes des femmes « domestiquées » de nos connaissances, elle ne mâchait ni ses mots, ni ses critiques. À l'ombre des révérends pères, l'irrévérence d'un sans-gêne naturel et libérateur était un élixir capiteux.

Son pendant masculin, le « Waiteur » de taverne, incarnait l'exact contraire. Circonspect, le visage amène, sans âge précis, la gestuelle fluide, la démarche vive, il naviguait au plus près du vent autour des tables. On pouvait tout lui dire sans être contredit, corrigé, chapitré. Son sourire sibyllin ne comportait aucun jugement. Le waiteur pouvait tout écouter avec l'air de celui qui a déjà tout entendu, et trouver le mot juste pour répondre à tout, en l'illustrant d'un mouvement circulaire de la main : « Un p'tit réfill ? » On pouvait proférer des menaces ou révéler des secrets gênants, il demeurait imperturbable. Un tour de main ! « Un p'tit réfill ? »

Jamais il ne revenait sur un sujet ou se lassait d'entendre la même rengaine ressassée cent fois par le même interlocuteur. Sauf que le sourire se figeait à la cent unième, l'appel de la main à peine esquissé et la voix impérative. « C'est le *last call* ! »

Dans une taverne, les fidèles ne cherchaient pas nécessairement à être entendus, mais tous voulaient être écoutés. Il fallait tout de même observer un certain protocole. On ne câllait pas un waiteur, comme on appelle un garçon en élevant la voix.

Après avoir attrapé son regard, on câllait une bière, en fait deux draffes, qu'on appelait d'un geste discret de la main, qui est devenu par la suite le *Peace !* du mouvement hippie des années soixante-dix. Un mouvement englobant la tablée des mêmes doigts réunis commandait une tournée.

Malgré sa décoration moderne, la taverne Saint-Régis n'en demeurait pas moins un confessionnal, sans contrition, sans peines ou mortifications, sans rosaires ou chemins de croix. Au milieu de la joyeuse cohue, au nom d'un « p'tit réfill », le sourire impénétrable du waiteur accordait l'absolution à toutes les fautes.

Ne m'attendez pas ce soir, car la nuit sera noire et blanche ! 27

Qu'aurait valu une formation classique si elle n'avait pas été couronnée par un « savoir-boire » conséquent ? L'épreuve initiatique était-elle homologuée ? Je l'ignore. Mais je me souviens de m'être assis à une table carrée avec Pierre Maheu et d'avoir commandé de concert qu'on la remplisse de verres de bière.

Avec le pourboire, il y en avait pour trois piasses, à dix cennes la draffe. Le défi était de vider la table en poursuivant une conversation sensée pour tester notre capacité à bien « porter sa boisson ». À une étape plus amphigourique de notre imbibition, Pierre a statué que le décor nous éloignait « du thomis-s-s-me pour nous rap-p-procher du kan-t-isme » !

J'aurais préféré l'ébriété baudelairienne à l'enivrement de la *Critique de la raison pure*. Sauf que mon vis-à-vis philosophe avait une dent contre Baudelaire. Il défendait le point de vue de Sartre, pour qui le seul génie du poète était celui de la procrastination.

J'allais m'emporter, mais je me suis re-te-nu pour ne pas déposer mon verre trop fortement sur la table. « Y a tout de même pondu *Les Fleurs du mal*, crisse ! Même si y a passé sa vie à répéter qu'y pouvait pas écrire. » Pour ne pas renier Sartre, Pierre a préféré admettre que dans les circonstances, il s'agissait « ob-jec-ti-vement d'un miracle ».

Tout en se concentrant mutuellement pour identifier les verres encore pleins au milieu des cadavres, le champ houblonné de notre « réfle-x-xion » s'est élargi jusqu'à étendre cette aboulie baudelairienne au branlage atavique de l'écrivain québécois, pour conclure de concert qu'en y ajoutant « l'e-xis-tence objective d'une alié-na-tion collective, ça prendrait un mi-ra-cle pour pondre un chef-d'œuvre au Québec »!

Avant de caler la dernière draffe, il nous restait encore assez de visou et de co-or-di-nation pour trinquer à cette éventualité. « Un ho-s-stie d'gros mi-râ-cle! »

Après sa première et ma dernière année universitaire, où nous avions collaboré au *Quartier latin,* nos chemins se sont séparés. Le passage de Pierre dans la bohème n'a duré que le temps d'une aventure amoureuse avec la compagne esseulée d'un sculpteur. Il attendra l'avènement du mouvement hippie pour s'affranchir du cadre. L'automne suivant, il réintégrait l'université pour y devenir bientôt président de l'AGEUM et par la suite fondateur de la revue *Parti pris.*

Il y avait quelques années-lumière entre les discussions philosophiques et politiques du Bouvillon et la douce dérive bohème des fins d'après-midi ensoleillés de L'Échouerie. On n'y refaisait pas le monde. On se contentait d'en recomposer l'image et d'en refonder le récit absurde.

Soit avec l'humour noir de Swift qui demandait à un pauvre comment il vivait et obtenait pour réponse : « Comme un savon, monsieur, en diminuant! » Soit avec l'amertume grinçante de Cioran qui soutenait qu'« un amour qui s'en va est une si riche épreuve philosophique que, d'un coiffeur, elle fait un émule de Socrate ». Personnellement, j'avais un faible pour le *nonsense* de Lichtenberg qui proposait d'équiper les potences de paratonnerres.

Pour le grand surréaliste mauricien Malcolm de Chazal, midi mettait l'ombre au lit et la nuit était un sans-abri qui dormait n'importe où. À Montréal, lorsqu'il n'était pas au

Perchoir d'Haïti pour accueillir le ramage des poètes, le perchoir des oiseaux de nuit, après l'heure de fermeture des cabarets, était une petite boîte de jazz de la rue Saint-Antoine Ouest. Pour les mordus qui allongeaient leur café noir avec les envolées des solistes, la guitare introspective de Nelson Symonds pilotait la traversée des improvisations jusqu'à l'aube.

J'avais eu à peine le temps de me couler dans l'atmosphère intimiste du Black Bottom, qu'elle était troublée par l'entrée fracassante d'un musicien, que j'avais croisé plus tôt rue Stanley, aux alentours de L'Esquire.

Les habitués n'avaient eu qu'à jeter un coup d'œil ennuyé à l'intrus encore tout nimbé de la phosphorescence des clubs, et aux boucles d'oreille cliquetantes des deux méchants pétards qui lui tenaient le bras, pour échanger entre eux un sourire entendu.

Les boîtes de jazz montréalaises du temps étaient dominées par deux guitaristes d'exception, René Thomas au Little Vienna et Symonds au Black Bottom, mais les trompettistes et les saxophonistes avaient la cote auprès des femmes. La guitare sèche l'obtiendra avec le folk et l'électrique avec le rock.

Une fois délesté du manteau sable qu'il portait négligemment glissé sur ses épaules et après avoir déposé bien en évidence l'étui de son saxophone sur une chaise, l'épitomé du jazzman, enfin attablé avec ses admiratrices, avait retiré ses verres fumés d'un geste étudié.

Le haut du corps projeté vers l'avant, le visage transfiguré par le rythme, il sollicitait maintenant la permission d'apporter sa touche à la jam-session menée par Nelson Symonds. Au léger signe d'acceptation du maître des lieux, les connaisseurs, qui avaient les coudes plantés aux tables, se sont redressés pour assister à la joute musicale qui s'annonçait.

Le « Cool Cat » tire un saxophone rutilant de son étui et l'embouche avec une dégaine empruntée à Sam « The Man » Taylor ou à Earl Bostic. Son premier solo ne laisse planer aucun doute sur sa filiation. Le poseur enfile les redites sirupeuses, les fla-flas redondants, et les crescendos racoleurs, honnis du public du Black Bottom.

Sur la petite scène, le Sphinx de la guitare n'a pas bronché. La mise à mort du m'as-tu-vu sera effectuée dans les règles et sans quartier. Chaque nouvelle proposition musicale hausse la donne d'un cran. Le souffleur de notes s'essouffle, s'éparpille, couine à profusion et s'embarbouille pour égarer un air de Thelonious Monk dans un gargouillis de sons rauques.

La coupe est pleine ! Une attaque massive de Symonds et de ses comparses sanctionne le crime de lèse-majesté. Le thème de *'Round Midnight* est repris avec tout le lustre de sa richesse harmonique. Le saxo de ces dames n'a qu'à plier bagage. Sa déconfiture est complète ! Il en oublie même son manteau et son étui qu'une des chattes a récupérés discrètement.

Vissée à sa chaise, la deuxième s'était abandonnée à la jonglerie savante du Sphinx et de ses compagnons qui tricotaient leurs improvisations avec un brio et une inventivité sans cesse renouvelée. Construire ! Déconstruire ! Reconstruire ! Les solos s'enchaînaient comme une chaîne continue de raga de nuit. L'ivresse au Black Bottom était d'une singulière lucidité, bleu acier plutôt que blues.

J'ai longtemps espéré en déambulant sans but au plus profond de la nuit rencontrer un poète qui promènerait un homard, attaché à un ruban bleu. Je n'aurais pas eu à lui demander le pourquoi d'un tel animal de compagnie. Je connaissais la réponse. « Parce qu'il ne jappe pas et qu'il possède les secrets des profondeurs ! » Et en s'éloignant, Gérard de Nerval m'aurait lancé par-dessus l'épaule : « Ne m'attendez pas ce soir, car la nuit sera noire et blanche ! »

À défaut du fantôme du prince d'Aquitaine à la tour abolie, il m'est arrivé de tomber, à des heures indues, sur un véritable prince des mille et une nuits qui promenait ses deux chiens dans les rues désertes. Le port altier, la démarche souple et résolue, toujours frais comme une rose noire, d'un chic fou, le sourire indéfinissable, le pianiste de jazz Alphie Wade était l'incarnation même du dandy. Il n'aurait pas détonné dans le décor du Ritz Carlton ou de la salle de bal de l'hôtel Windsor.

À trois heures du matin, sur le trottoir mouillé du carré Saint-Louis, avec deux lévriers afghans, il avait l'allure d'un mutant qui retournait à sa constellation d'étoiles, en sifflotant un air de Nat King Cole.

L'œil de Dieu, les yeux d'Artaud et le théâtre québécois

Quand la vie n'est que tourments et patenôtres, soutane et vert-de-gris, l'existence est ailleurs. Nous étions les fils tardifs du surréalisme qui le proclamait. « Des fils illégitimes peut-être, dont la filiation se fit à distance, non volontairement de notre part, mais par la force des choses », a écrit Borduas en 1947.

On ne s'affranchit pas d'une prison mentale en la quittant. Même en sortir n'est souvent qu'une façon d'y retourner en l'emmenant. Peu importe la porte empruntée, la petite ou la grande, Hugo nous en a avertis, l'œil sera dans la tombe et regardera Caïn.

Pour s'évader de la colonie pénitentiaire, il faut en changer la nature, donner un autre sens aux mots, aux formes, aux couleurs, aux gestes de l'amour et du quotidien. Bref, enfourcher le cheval fou du fantastique et du merveilleux pour gagner le large en sautant le mur de l'enclos.

Ça me prendra encore un moment avant de découvrir que la meilleure monture pour l'émerveillement est sans doute le buffle de Lao Tseu. Un surnom qui signifie, entre autres, « le vieil enfant ».

Par nature, la jeunesse est imprécatoire. La mienne était comblée par l'anticléricalisme jubilatoire de Claude Gauvreau, qui proférait ses ukases d'une voix sonore et impérieuse : « Purulence familiale, infection du jubé, chausse-pisse alternée de l'enfant de Marie et du bedeau obèse ! Inflation corticaire du curé aveugle qui crosse son or ! » Ses anti-litanies répondaient bellement aux anathèmes assassins de Benjamin Péret qui, de son côté, saluait la mort d'un cardinal militariste en le comparant « à une poubelle débordante d'hosties » qui, comme son titulaire, « sentait dieu comme l'étable le fumier ».

Le plus radical des imprécateurs surréalistes était Antonin Artaud. Quand il affirme sa volonté de mettre un terme à la triste descendance du singe, la cible vise par-delà la calotte et le goupillon. Le texte radiophonique de *Pour en finir avec le jugement de Dieu*, enregistré en 1947 et interprété par lui-même, Roger Blin, Maria Casarès et Paule Thévenin, se proposait de corriger l'anatomie humaine, qu'Artaud estimait mal bâtie. Une fois l'homme étendu sur la table d'autopsie, il en appelait à l'émasculation de l'organe, nommé « dieu », qui le privait de sa véritable liberté.

Dans un premier temps, la direction de la Radiodiffusion française en a perdu, ou retrouvé, son latin. Dans un deuxième, elle invite une cinquantaine de gens de lettres et d'artistes à une transmission en circuit fermé du brûlot litigieux. Le verdict rendu par le milieu se révèle unanimement favorable à une mise en ondes, déjà envisagée dans le cadre d'une émission peu écoutée de fin de soirée, *Le Théâtre de Minuit*.

L'émoi anticipé de quelques bonnes âmes insomniaques pèse néanmoins plus lourd dans la balance. L'interdiction de diffusion est maintenue. Il faut admettre que la voix éraillée d'Artaud vociférant « Là où ça sent la merde, ça sent l'être ! » avait de quoi les commotionner.

J'avais dégoté *Pour en finir avec le jugement de Dieu* (1948) et *Van Gogh, le suicidé de la société* (1947) à la librairie Tranquille, deux plaquettes rarissimes publiées chez K, une petite maison d'édition surréaliste.

L'ouvrage majeur d'Antonin Artaud, *Le Théâtre et son double*, demeurait introuvable. Seule une traduction américaine, datant de 1958, était disponible. Elle frayait en bonne compagnie sous la bannière de Grove Press, l'éditeur de la prestigieuse revue littéraire new-yorkaise *Evergreen*, où l'on retrouvait presque tous les auteurs de la Beat Generation, avec Jack Kerouac, William Burroughs et Allen Ginsberg en tête de peloton.

Grove était l'éditeur attitré de Samuel Beckett depuis la publication d'*En attendant Godot*. La pièce avait d'abord été refusée par toutes les grandes maisons d'édition américaines. Les pages francotropes d'*Evergreen* accueillaient Sartre, Camus et Cioran chez les philosophes ; le poète Henri Michaux ; Ionesco, Arrabal et Genet du côté des dramaturges ; et toute la filière pataphysicienne, d'Alfred Jarry à Boris Vian, en passant par René Daumal, Jacques Prévert et Raymond Queneau.

Le banquet fut sans lendemain. L'existentialisme, l'absurde, l'humour noir et la recherche des états extrêmes réunissaient les deux avant-gardes. Mais New York prenait son envol et Paris était déjà en perte de vitesse.

L'influence la plus durable aux États-Unis a été celle d'Antonin Artaud. Sa pensée théâtrale apocalyptique a trouvé ses partisans les plus radicaux dans le *Living Theatre* de Judith Melina et de Julian Beck qui s'impose en 1959 avec *The Connection*, un spectacle implacable et vitriolique qui a inspiré tout le théâtre expérimental nord-américain des années soixante et soixante-dix.

La mémoire a également son double : il y a celle qui se rappelle très bien de ce dont elle se souvient et celle qui ne se souvient pas de ce dont elle s'est pourtant rappelée.

La première image qui me vient à l'esprit lorsque j'ai à me remémorer *Le Théâtre et son double* est celle de pestiférés s'agitant sur le quai du port de Marseille au XVIIIe siècle et la transfiguration magistrale de la peste opérée par Artaud pour définir son théâtre de la cruauté. « La malédiction de ce temps est de s'attarder artistiquement sur des formes, au lieu d'être comme des suppliciés que l'on brûle et qui font des signes sur leurs bûchers. Le théâtre, comme la peste, est une crise qui se dénoue par la mort ou la guérison ; et de même que la peste, le théâtre est fait pour vider collectivement les abcès. »

En relisant le même ouvrage, avec le recul de cinquante ans, j'ai pris conscience qu'un autre volet « oublié » de sa pensée m'avait marqué encore plus fortement. « Les chefs-d'œuvre du passé sont bons pour le passé, ils ne sont pas bons pour nous. Nous avons le droit de dire ce qui a été dit et même ce qui n'a pas été dit d'une façon qui nous appartienne, qui soit immédiate, directe, qui réponde aux façons de sentir actuelles, et que tout le monde comprendra. »

Dehors les perruques poudrées et les souliers dorés à boucles ! « Il est idiot de reprocher à la foule de n'avoir pas le sens du sublime, quand on confond le sublime avec l'une de ses manifestations formelles qui sont d'ailleurs toujours des manifestations trépassées. Si la foule ne vient pas aux chefs-d'œuvre littéraires, c'est que ces chefs-d'œuvre sont littéraires, c'est-à-dire fixés ; et fixés en des formes qui ne répondent plus aux besoins du temps. Loin d'accuser la foule et le public, nous devons accuser l'écran formel que nous interposons entre nous et la foule, et cette forme d'idolâtrie nouvelle, cette idolâtrie des chefs-d'œuvre fixés qui est un des aspects du conformisme bourgeois. »

Bien malin aurait été celui qui, vers la fin des années soixante, aurait su — moi le premier — que je citais du Artaud lorsque j'ai usé des mêmes arguments pour défendre le besoin impérieux que nous avions collectivement d'établir une dramaturgie québécoise, s'exprimant dans une langue populaire. De la cruauté au théâtre du cru, en quelque sorte !

Dans *Theatre and his double* — je l'ai d'abord lu en anglais —, Artaud fait grand état d'une sorte d'illumination provoquée par sa découverte du théâtre de Bali, à l'Exposition coloniale de Paris en 1931. La vision d'Artaud m'envoûtait. Sauf que, contre toute attente, j'avais un point de référence personnel.

Quelques années auparavant, le mystérieux m'attirant, j'avais eu l'occasion d'assister à une représentation de théâtre balinais, présentée au théâtre Saint-Denis, dans le cadre des grandes tournées nord-américaines de Sol Hurok. Nicolas Koudriatzev, un impresario montréalais remarquable, se chargeait à l'époque d'inviter, rarement à profit, ces spectacles exotiques dans la métropole. J'étais de loin le spectateur le plus jeune dans la salle.

Malgré le décor hollywoodien de carte postale, je garde un souvenir impérissable du gamelan balinais. Une vingtaine de musiciens montés sur des gradins, côté jardin, faisaient face à une autre vingtaine, côté cour. L'orchestre produisait, sans direction évidente, une musique où s'entrecroisaient une variété de gongs et de percussions, des blocs, des xylophones et des métallophones. Leur polyphonie était accompagnée par une hétérophonie mélodique lancinante d'instruments à archet ou aérienne de flûtes de bambou. La révélation fut éblouissante et le dépaysement absolu.

Le programme, avec l'emphase habituelle de la présentation publicitaire des grandes tournées internationales, nous annonçait que la vedette du spectacle, I Made Mario, était le « plus grand danseur de Bali ». Ce n'était pas une exagération indue. À ce jour, son statut demeure incontesté pour le XXe siècle. J'ai appris depuis peu que c'était le même I Made Mario qui avait initié Antonin Artaud au théâtre balinais.

Le danseur est apparu au milieu de la scène dans un costume de lumière, cintré et somptueux, qui le rendait sans âge et sans sexe. Lorsqu'il s'est assis en tailleur, j'ai naïvement cru qu'il était trop vieux pour danser. En fait, Mario était le créateur d'une variation particulière de la danse balinaise dont les variétés de style ne se comptent plus. La chorégraphie du *Kebyar Duduk* se pratique au sol, souvent dans une position mi-assise, mi-debout.

Tantôt homme, tantôt femme, barbon bilieux ou vierge effarouchée, libellule ou fleur, innocence ou frayeur, soumission ou colère, yeux baissés ou sourcils froncés, les mains jouant l'éventail ou les battements d'ailes, Mario enchaînait les gestes et les attitudes codés sans ligne narrative. En parfaite symbiose avec la musique, abstraite comme un solo de be-bop ou folâtre comme un air de Mozart, la gestuelle codifiée d'I Made Mario était d'une âpre beauté. Dans la jungle sonore luxuriante d'une orchestration, qui préfigurait celle des ensembles de musique contemporaine, sa prestation à un seul personnage démultiplié s'apparentait à une sorte de danse de pariade muette des oiseaux. La prise de conscience d'Artaud était fondamentale. Depuis les Grecs, la dramaturgie occidentale, sous toutes ses formes, repose sur un fait inéluctable : nous avons droit, tout un chacun, à un passage unique sur terre. Conséquemment lorsqu'on représente une vie, elle a nécessairement un début, un milieu, une fin et le sens que lui confère cette dernière : tragique, dramatique, mélodramatique, comique ou absurde.

La chorégraphie balinaise se situait aux antipodes de l'approche occidentale qui fait toujours appel à un argument dramatique et narratif pour donner un sens aux mouvements et aux figures codées des danseurs.

Dans l'univers balinais, le bon ménage de l'animisme et de la réincarnation exclut le tragique par essence. La vie dès lors n'est qu'une suite perpétuelle de passages, d'une vie à une autre, où l'on retrouve les mêmes moments heureux ou malheureux, exaltants ou déchirants, comme autant d'accidents, dans un long parcours sans fin. D'où la ponctuation prédominante des percussions dans le gamelan.

La performance de I Made Mario existait ainsi d'une manière autonome, commandée par la musique, sans en être l'illustration. C'est la démarche même de la danse contemporaine où les pas, les poses, les figures, les pieds nus, les déhanchements, les désarticulations, les accouplements et les courses furibondes naissent, non pas d'un argument dramatique, mais d'une pulsion, d'un rythme et d'une trame sonore qui réservent une place prépondérante aux percussions, aux ponctuations orchestrales et aux ruptures stridentes et saccadées.

La frénésie du *Sacre du printemps* de Stravinsky résonnait dans nos oreilles depuis sa création, en 1913. Elle a dû attendre la chorégraphie chorale de Maurice Béjart pour trouver l'animalité primitive de l'ensemble des corps qui la traduisent. Pour ceux qui ont découvert les danseurs du Ballet du XXe siècle avec les yeux de 1967, il y a un avant et un après. Finie la joliesse des mouvements sur un fond de musique illustrative rococo !

Les comédiens à l'ancienne pouvaient difficilement matérialiser ces suppliciés qui brûlent en faisant des signes sur leurs bûchers sans surjouer. À terme, la danse contemporaine saura mieux s'en approcher, en soumettant crûment les corps à toutes les mises à nu qui en libèrent l'âme.

De *Marie Chien Noir* de Marie Chouinard (1982) à *La Pornographie des âmes* de Dave Saint-Pierre (2004), la pratique chorégraphique québécoise s'inscrit parfaitement dans la filiation de ce qu'Artaud décrivait comme « des précipités véridiques de rêves, où le goût du crime du spectateur, ses obsessions érotiques, sa sauvagerie, ses chimères, son sens utopique de la vie et des choses, son cannibalisme même, se débondent, sur un plan non pas supposé et illusoire, mais intérieur ».

Dans mon souvenir de la représentation balinaise au Saint-Denis, la prestation théâtrale proprement dite occupait la partie congrue. Elle se limitait à une entrée balourde de marionnettes géantes, vêtues de costumes confectionnés de couches de jute beige, plus ou moins rapiécées. Tout le contraire de l'élégance des habits de lumière des danseurs. Un contraste sûrement voulu!

Sur scène, l'espace restreint de l'aire de jeu condamnait les pantins, porteurs de masques polychromes aux yeux exorbités, à se confronter maladroitement. Ils semblaient à nos yeux se livrer à une joyeuse séance de crêpage de chignons, en prenant de grosses voix.

N'en déplaise à l'auteur du *Théâtre et son double*, leur chamaille évoquait plus à mes jeunes oreilles une prise de bec de marionnettes, dans une émission pour enfants, qu'une sorte de vérité primitive. Le mystère de l'exotisme tient à son étrangeté, il suffit d'un couac de familiarité pour le dissiper.

Pour Artaud, l'exhortation à la révolution prime sur les moyens de l'instituer. La nécessité a préséance sur le mode d'emploi. Comment répondre pratiquement à l'appel ? La question demeurait entière.

Je me souviens de la réponse éclairante de Jerzy Grotowski et de son charmant accent polonais, lors d'une conférence de presse qui marquait sa première visite à Montréal, à l'occasion d'Expo 67 ou un peu après. « L'intuition était géniale, mais Artaud ne nous a pas transmis une technique pour l'incarner ! »

Ce qui était en somme un mal pour un bien puisque Grotowski s'inspire du *Théâtre et son double* pour créer son Théâtre pauvre ; le Living Theatre de Julian Beck et de

Judith Malina l'adapte au radicalisme politique; Peter Schumann et les marionnettes géantes du Bread and Puppet Theatre le mettent au service du théâtre de contestation de rue; l'Open Theatre de Joseph Chaikin l'accouple à l'improvisation et à l'absurde des marionnettes enragées d'*America Hurrah* pour libérer les acteurs du jeu naturaliste; et dans la foulée de l'expérience américaine, le théâtre québécois des années soixante-dix s'affirme comme le vecteur de toutes les libérations.

Comme un rêve à la belle étoile sous un chapeau cabossé

Avant de franchir la grille de l'asile Saint-Jean-de-Dieu, le gardien nous a remis un laissez-passer, jaune dans mon souvenir, où il a inscrit nos noms. John Max nourrissait le projet de réaliser un essai photographique à la manière d'Eugene Smith sur ce type d'institution. Je pénétrais, pour ma part, dans un univers mystérieux qui m'intriguait depuis les tours de machine en famille des dimanches de mon enfance. En revenant du bout de l'île par la rue Sherbrooke, nous longions régulièrement le mur de clôture de l'immense domaine de l'asile.

La gravité inhabituelle des commentaires de mon père sur ceux qu'il abritait avait piqué ma curiosité. Une subtile différence entre du « pauvre monde » et le « monde pauvre ». Je savais déjà que dans la mesure du possible, on se devait d'aider les seconds, mais le sentiment à adopter envers les premiers semblait plus complexe, mêlé de compassion, de tristesse et d'impuissance résignée.

Rue Fabre, nous avions notre idiot. Il habitait en face de chez nous, un peu en biais, au premier. Grand pour ses quinze ans, il était totalement obnubilé par les exploits de Tarzan. L'été, il lui arrivait périodiquement de sauter sur la balustrade du balcon pour y lâcher le cri de Johnny Weissmuller. À l'occasion, il perdait l'équilibre en se frappant la poitrine et se ramassait dans le bosquet du parterre. C'était plutôt divertissant !

Un jour, on l'a vu grimper dans un poteau de téléphone et y attacher une corde à linge, pour en redescendre sur-le-champ avec l'agilité d'un singe, et grimper immédiatement les marches de l'escalier jusqu'au deuxième balcon de sa maison. Ensuite, debout sur le garde-fou, après avoir dûment lancé le cri du Roi de la jungle et tendu la corde, comme son héros qui empruntait des lianes pour voyager d'un arbre à l'autre, il s'est envolé sous nos yeux ébahis pour aller s'écraser sur le poteau dans un éclat de rire général.

Comme dans un film muet, il s'est relevé indemne. Il était un peu sonné, mais par miracle, il ne s'était pas assommé. Le seul commentaire de sa mère a été : « Y a vraiment un bon Dieu pour les simples ! » Le même adage populaire s'appliquait aux soûlons. Restait à découvrir si Saint-Jean-de-Dieu offrait la même protection divine.

En quittant la barrière pour notre rendez-vous avec la direction, nous avons d'abord emprunté une allée ombragée bordée de grands arbres, débouchant sur un rond-point central, et procédé à une reconnaissance sommaire des alentours.

Malgré une présence soutenue de la verdure, une ambiance sinistre se dégageait des pierres grises d'une agglomération d'édifices, dont la symétrie pénitentiaire amplifiait le caractère lugubre. Rien pour éveiller l'intérêt du photographe : pas un chat à la ronde et personne aux fenêtres pour humaniser le décor.

En passant la porte du bâtiment principal, j'ai été subitement replongé en pays de connaissance. Les jésuites aimaient répéter à tout escient la maxime : *Mens sana in corpore sano*. Mais peu d'entre eux la mettaient en pratique. L'idéal des sœurs de la Providence était moins ambitieux et plus atteignable : « Parquet brillant et boiserie cirée sont le miroir d'une âme sans tache ! » J'en avais fait l'expérience tout jeune au couvent de la Sainte-Enfance. Une ou deux fois par mois, nous enfilions des patins de feutre pour polir les planchers du parloir ou de la salle de musique et redonner tout son luisant à l'âme du couvent.

Les maîtresses de maison du Québec n'avaient pas eu besoin d'une traduction en latin de la devise des religieuses pour astiquer compulsivement leurs prélarts et frotter tout ce qui pouvait reluire en prévision d'une visite à l'improviste, qui aurait pu révéler le triste état de leur vie intime. Comme les sous-vêtements qu'on se devait de porter immaculés en tout temps puisqu'on ne savait jamais quand on pourrait être frappé par une auto, un tramway ou un coffre-fort de bande dessinée. La souillure aurait été encore pire que la blessure !

Bref, l'ambiance lustrée et austère de l'accueil de Saint-Jean-de-Dieu nous rappelait qu'en ce lieu, le bon ordre ne composait pas avec son contraire.

La réunion subséquente dans le bureau de la direction nous fit l'effet d'un interrogatoire plus que d'une entrevue. Flanqué de ses deux assistants, le médecin-chef s'était visiblement accordé une pause-détente pour recevoir deux hurluberlus.

Réduite à sa plus simple expression, la demande de John Max, qui avouons-le, aurait été plus à l'aise au Allan

Memorial, se résumait à solliciter un libre accès aux activités de l'institution pendant une période assez longue. Au moment de prendre le relais pour défendre le projet, j'ai réalisé que nous n'avions pas préparé de plan d'attaque. Tenter d'expliquer une démarche artistique sous le regard clinique de trois interlocuteurs, qui affichent déjà un sourire narquois, peut se comparer à sauter dans le vide sans parachute.

Je me suis rassuré en les assurant que le projet envisagé n'était pas un reportage à proprement parler, mais un essai photographique, où l'artiste ne cherchait pas à capter bêtement ce qu'il voyait, mais à vivre une situation de l'intérieur, en se laissant imbiber par son atmosphère, pour en trouver le pouls et se mouler dans le rythme même de la vie de ses acteurs. Ce qui ne donnerait pas au final un exposé dans un journal, mais une fresque impressionniste...

À vouloir trop embrasser, j'ai bien senti qu'on ratait le train. Les membres de notre jury improvisé n'ont eu qu'à échanger un regard et « l'essai photographique » avait pris le bord du panier des demandes rejetées.

Le directeur a néanmoins senti le besoin d'y mettre les formes en nous servant un laïus préparé sur les impératifs gouvernementaux, administratifs et médicaux qui l'empêchaient de nous accorder la permission sollicitée. Une fois le discours décodé, cela revenait à dire que si la société avait choisi d'ignorer l'existence des asiles, tout comme les familles et les proches celle des internés, dont une bonne partie n'arrivait même plus à se souvenir qui ils étaient, pourquoi réveiller un chat qui ne demandait qu'à dormir ? L'audience était terminée.

Nous allions quitter le bureau lorsque le directeur médical nous a rappelés pour valider nos laissez-passer. Au moment d'apposer sa griffe sur les cartons jaunes, il lève la tête et, prenant ses assistants à témoin, nous balance sur un ton sarcastique : « Vous seriez mal pris, si on ne vous laissait pas sortir, han ? »

« *What* ? Qu'est-ce qui arrive ? », me demande Max, inquiet. L'idée insensée qu'ils puissent passer à l'acte m'avait effleuré l'esprit pendant quelques secondes et la direction de l'asile riait maintenant de sa bonne blague. Il y avait de quoi être effaré. Il n'y avait pas de bon Dieu pour les fous, mais, de toute évidence, surabondance de geôliers.

De temps à autre, Max tentait de placer une suite photographique dans le *Weekend Magazine*, dont l'équivalent français était *Perspectives*. À Montréal, ces deux tabloïds, imprimés en couleur, étaient respectivement insérés dans les éditions de fin de semaine du *Montreal Star* ou de *La Presse*. Compte tenu de l'importance des tirages, les cachets étaient respectables. On pourrait même dire enviables.

John avait monté un portfolio composé de diverses scènes de la vie de la rue Saint-Laurent où chaque geste quotidien semblait faire partie d'un rituel ancien et chaque visage dissimuler un destin énigmatique. Une brochette de personnages hétéroclites qui sortaient de l'ordinaire par leurs regards où l'objectif du photographe avait invariablement décelé une sourde appréhension ou une tristesse infinie : toute l'âme meurtrie de l'Europe centrale sur un fond de mélancolie.

John m'avait confié la tâche d'écrire un texte d'accompagnement. En anglais, il va de soi. Le traitement photographique de Max n'avait pas emballé le rédacteur en chef de *Weekend*. Trop naturaliste et trop *hard-edge* pour cadrer entre un sourire radieux de Pepsodent et une pub romantico-vaporeuse de White Swan. Quant au sujet, les immigrés n'avaient pas la cote.

Pour le texte, il avait souligné à John qu'il existait déjà un Kerouac et nul besoin d'un deuxième. L'association aurait pu être flatteuse. Mais j'ai présumé que le premier était déjà de trop pour lui. Rien n'était alors plus opposé à la navrante platitude de la wouaspitude que la quête échevelée de cette neuvième béatitude — il y en avait déjà huit d'homologuées dans les églises du Québec — qui a donné son nom à la Beat Generation.

Avec sa veste militaire kaki à quatre poches où il pouvait glisser un paquet de cigarettes, un posemètre, des rouleaux de pellicule photographique, vierge dans l'une et utilisée dans l'autre, un ou deux Nikon accrochés au cou, Max était à la fine pointe du nouveau chic beatnik. Ces derniers avaient lancé la mode de s'habiller dans les magasins de surplus d'armée et ils étaient nombreux dans le bas de la ville.

Le look de la faune féminine des bohèmes montréalaises avait été importé d'abord du Saint-Germain-des-Prés existentialiste et ensuite des deux ports d'attache beatniks, New York et San Francisco. On ne savait plus trop lequel était la traduction de l'autre, mais dans les deux cas, les cheveux longs et droits étaient de mise, comme le maquillage léger qui rehaussait la pâleur du visage.

Les filles affectionnaient le port du léotard sombre ou du collant noir et manifestaient une propension à siroter longuement des expressos, en lisant de la poésie et en fumant des cigarettes l'après-midi dans les cafés. On les croisait dans les galeries, complètement absorbées par des toiles abstraites. Ou les yeux fermés, à écouter du bebop dans les boîtes de jazz.

Elles préféraient généralement Jung à Freud, Virginia Woolf à Colette, le Resnais d'*Hiroshima mon amour* au Godard d'*À bout de souffle* et le romantisme de Jack Kerouac au prophétisme apocalyptique d'Allen Ginsberg.

Pour s'éloigner du Rosemont maternel, John, en s'installant dans un petit appartement, rue du Fort près du Forum, s'était rapproché de New York, en quelque sorte. Le jour où il a pendu la crémaillère, nous y étions presque. Il avait rencontré dans l'après-midi une grande amie de Jack Kerouac par l'intermédiaire d'un pote montréalais du grand Jack, Graham McKee.

Graham était alors un charmeur irlandais, du genre beau ténébreux, toujours entre deux vins. On racontait que c'était un grand pianiste de jazz, mais seuls quelques privilégiés l'avaient entendu toucher l'ivoire et l'ébène d'un clavier, le temps d'un morceau, très tard la nuit, dans un party en état de déliquescence avancée, où personne n'était plus en mesure d'apprécier sa technique pianistique. On aimait répéter, sans doute parce qu'il l'avait déjà confié lui-même aux filles en mal de le consoler, qu'il avait mis fin à sa carrière à cause d'une peine d'amour.

À l'époque, on doutait un peu de la proximité de son lien avec son célèbre ami. Sauf qu'en 1967, lors de la visite de ce dernier à Montréal, leur camaraderie avait été légitimée par le coude à coude de Kerouac et de Graham, dans la tournée des bars qui avait suivi l'enregistrement de l'émission *Le Sel de la semaine* animée par Fernand Seguin.

Au petit écran, devant le français radiocanadien de Seguin, l'auteur *French Canadian* le plus célèbre au monde paraissait gêné aux entournures dans sa parlure française rudimentaire et son accent ancien-canadien. C'est l'impression du moins que j'avais conservée.

Le visionnement récent d'un documentaire *made in USA* m'a montré que « l'auteur américain le plus important de la deuxième demie du XXe siècle » se révélait curieusement mal à l'aise en anglais, même avec des animateurs comme Steve Allen ou Dick Cavett. Au fil des rares entrevues qu'il avait accordées à la télé, ça sautait aux yeux : la seule où il s'était senti bien dans sa peau s'était déroulée dans sa langue maternelle à Montréal. Même si à son avis, l'intervieweur « 'tait un gars qu'y a lu une grosse batche de livres, mais pas beaucoup des miens ».

L'invitée new-yorkaise de John se nommait Emma. Ses six pieds coiffés d'un chapeau de paille à larges bords, vêtus d'une longue robe en crêpe noire, le regard impudique, le rire éclatant, la voix légèrement éraillée et le gabarit de Sophie Tucker, elle aurait pu entonner « *Some of these days / You're gonna miss me honey !* » sur-le-champ. On ne parlait plus ici d'une princesse juive, mais d'une reine, voire d'une impératrice qui nous recevait à sa cour.

Dès son arrivée, elle avait pris possession de la piaule où nous étions maintenant une bonne douzaine d'amis de Max, tous assis sur le plancher du salon, parce qu'il n'y avait pas de meubles, à nous deviner dans la lumière de quelques bougies, d'un chandelier à trois branches et de l'éclairage bleuté d'un lampadaire par la fenêtre sans rideaux.

Debout au centre de la pièce, un verre de rouge à la main, Emma nous dominait. L'effet de sa peau satinée et de ses yeux veloutés, illuminés par en dessous, était saisissant et en se balançant sensuellement sur le rythme ambiant de la musique indienne, elle n'attendait qu'un mot pour nous entraîner dans l'intimité du cercle des amis de Kerouac. « Comment va Jack, ces jours-ci ? » Et les prénoms sitôt de fuser et de déferler : « Allen ceci ! Greg cela ! Peter un peu ! Ferling à Frisco ! Neal partout ! »

À nous de remplir les cases blanches avec Ginsberg pour Allen, le poète Corso pour Gregory, Orlovsky, le compagnon de Ginsberg, pour Peter, Lawrence Ferlinghetti, poète et éditeur de *Howl* pour Ferling, et Moriarty, le fou du volant, alias Cassady pour Neal.

By the way ! L'auteur de *On the Road* ne savait pas conduire une auto. Mais qui peut contester que Jack Kerouac sait « chauffer une machine à écrire » comme personne d'autre ? demandait Emma. Il a parcouru quarante et un États à la dure, que peut-on demander de plus à un romancier américain ?

By the way ! Toutes les femmes qui ont lu son roman lui tombent dans les bras, mais il n'arrive pas à fournir à la demande. Il n'est pas plus doué pour chauffer un lit que pour « driver un char ». Elle cancanait be-bop, en se laissant conduire au gré des mots et de l'association libre des idées comme Kerouac avait conçu sa prosodie en écoutant Charlie Parker.

By the way ! Ginsberg avait emprunté la manière d'écrire inventée par Jack pour pondre *Howl*, son chef-d'œuvre, et la première fois qu'il l'a lu en public à San Francisco – « J'ai vu les meilleurs esprits de ma génération détruits par la folie, le ventre vide hystériques nus se traînant à l'aube dans des rues de nègres à la recherche enragée d'une dose !» —, Kerouac était dans l'auditoire, les yeux fermés, qui marquait le rythme en frappant sur un gallon de vin et en scandant la fin de chaque vers d'interjections enthousiastes comme dans un *revival* jazzé : « Ya ! Go ! Corrèque ! » Dans la version d'Emma, Allen, l'intellectuel à lunettes et à la voix de cantor, s'était métamorphosé en prophète beat ce soir-là.

Et l'on était emporté par le flux des révélations ! Pour Emma, Ginsberg était aussi Juif que Kerouac était Canadien français, mais ils avaient tous deux un point en commun : une mère qui les avait rendus fous à interner.

Saisi malgré lui par l'atavisme de la grande bougeotte canayenne, Ti-Jean avait statué que la seule fonction noble de l'époque était de bouger. Bouger ! Ne jamais s'arrêter de bouger ! La meilleure façon de ne pas être mordu par un chien est de lui courir après.

Emma s'y employait avec une infatigable énergie. Libre et sans gêne dans l'éclairage vacillant des chandelles, elle s'abandonnait totalement aux poussées de chaleur alternées du tabla et du sarode comme une danseuse du ventre, lascive et ravie sous son chapeau cabossé. Comme le rêve à la belle étoile d'un Canadien français, bouddhiste du petit véhicule, beat, catholique et savant, pour citer son ami clochard céleste, Allen Ginsberg.

Le flux des marées
dans la conduite des partys

« La seule solution pour échapper aux drames, c'est d'être saoul le plus rapidement possible ! » J'étais tout à fait dans l'état approprié pour apprécier la sagesse pratique de mon compagnon d'escalier de secours. Nous prenions l'air sur le palier pour échapper un instant au vacarme étourdissant d'un party qui faisait rage depuis deux jours.

Le bruit avait couru à La Hutte qu'un artiste célébrait en grande pompe l'obtention d'un gros contrat de sculpture. Je faisais partie du contingent qui s'était retrouvé à son atelier dans le courant de la deuxième soirée. Dans mon souvenir, nous étions invités à partager la bonne fortune de Claude Théberge, mais le maître des lieux n'était plus là pour le confirmer.

En entrant par la sortie — les ateliers ayant la plupart du temps pignon sur ruelle — j'ai été soufflé par une enfilade de panneaux quatre par huit, montés sur tréteaux, remplis de bouteilles d'alcool de toutes les couleurs et de toutes les formes, rondes, carrées, torsadées, effilées, fessues, opaques ou transparentes, vertes ou brunes, des vingt-six onces, des quarante onces, du vin au gallon, du rye, du gin, du rhum, du scotch et des bacs pour la bière, où la glace avait fondu depuis longtemps. Sans oublier le cognac, le cointreau et la crème de menthe pour les filles. C'était démentiel, grandiose et orgiaque ! Un fantasme rabelaisien ! Une extravagance d'hydropathe ! L'abondance faisait un pied de nez à la disette et nous rappelait que dans tout artiste sommeille un prince qui s'ignore.

Après deux jours de bringue, il y avait plus de morts tombés au combat sur les tables que de vivants. Mais pour les palais ouverts à la diversité des fonds de bouteille, on trouvait encore de quoi boire à satiété. L'ampleur de l'atelier avait permis d'aménager une piste de danse où l'on pouvait confirmer la théorie de Jean-Paul Bernier voulant que l'estomac soit un « shaker à cocktail naturel ».

En se glissant dans un vernissage ou une fête de la bohème, on poursuivait une conversation ininterrompue, qui était une sorte de bulletin perpétuel des mises en ménage, des ruptures, des querelles d'écoles et des conflits de personnalités.

Pour produire une abstraction lyrique aux couleurs tranchées, Rita Letendre travaillait vigoureusement la pâte avec des mouvements amples et saccadés. Elle spatulait encore plus épais que Marcelle Ferron. Ce qui n'était pas sans agacer Guido Molinari qui, avec sa rosserie habituelle, lui avait demandé à son dernier accrochage : « Tu vends ça combien la livre, Rita ? »

Celui qui me rapportait l'incident, dans le brouhaha des voix, était partagé entre la justesse cruelle du mot d'esprit et la mesquinerie regrettable de son auteur. À mon avis, il n'avait pas à s'inquiéter pour Rita Letendre. Elle avait la carrure de ses toiles et en imposait même à Moli avec ses traits énergiques et son regard perçant.

Si l'on avait demandé à Robert Roussil ce qu'il pensait des critiques, il aurait répondu avec la même verdeur que Brendan Behan : « Des eunuques dans un harem ! Ils savent comment ça se fait, ils l'ont vu faire des centaines de fois, mais ils n'ont jamais pu le faire ! »

Dans un bar, une taverne ou un café, partout où l'on se retrouvait avec un contenant de liquide à la main, les mauvais coups de la critique faisaient partie de la discussion. Le sujet était incontournable et inépuisable. Que seraient les critiques si on ne parlait pas d'eux ? « Des artistes ! », avait tranché Jean-Paul Bernier dans un moment inspiré.

Pour survivre à l'assourdissement dans un charivari, il fallait créer une bulle, comme celle que je partageais temporairement avec trois compères qui cherchaient à expliquer une curieuse anomalie.

René Chicoine sévissait comme critique d'art depuis des années. Son *modus operandi* était d'entamer toutes ses critiques en évoquant ses états d'âme du moment, pour ensuite décrire la saison et la météo de la journée, préambule auquel il ajoutait ce qui avait retenu son attention en chemin vers l'exposition, et – parle parle jase jase – l'article s'achevait abruptement au moment précis où il avait la main sur la poignée de la porte de la galerie. Un peu comme cet humoriste américain qui avouait préférer écrire la critique d'un livre avant de le lire pour ne pas être influencé.

Deux des compères demandaient au troisième ce qu'il avait pu faire au critique du *Devoir* pour que ce dernier franchisse le seuil de la salle d'exposition et consacre tout un paragraphe à ses toiles...

L'étiquette des Beaux-Arts exigeait une compassion unanime devant toute mauvaise critique officielle, même méritée. Inversement, il était malséant de se féliciter trop ouvertement d'un bon papier. Aussi le privilégié s'en gardait-il bien, en imputant sa veine au fait qu'il avait déjà passé le « test Chicoine » haut la main.

Il faut savoir que le critique enseignait le dessin aux Beaux-Arts et que depuis des lustres, à son premier cours, il demandait à tous ses nouveaux élèves de poser une feuille blanche sur leur chevalet, d'y tracer un cercle à main levée, et d'apposer leur signature au bas de la feuille.

Le résultat du test était sans appel. Seuls ceux qui l'avaient réussi étaient dignes de l'intérêt de leur professeur par la suite. Une prouesse dont l'heureux responsable rappelait maintenant le souvenir, en traçant dans l'air un rond un peu moins parfait.

Comme je n'avais pas vu Jean-Paul Bernier depuis un certain temps, je profitais de ma navigation dans la joyeuse beuglerie pour prendre de ses nouvelles. Je n'avais obtenu que des haussements d'épaules et des signes d'ignorance jusqu'à ce que je tombe sur un luron passablement cuit qui m'apprend que notre Jean-Paul est maintenant installé pour de bon à Bonaventure. « Y est à la colle avec une fille de la place qui a étudié la gravure avec Dumouchel ! »

Il était bourré, mais pas assez pour ne pas lire un doute amusé sur mon visage. « Non ! Non ! c'est parti pour durer ! » Je n'arrivais pas à le croire. « Le grand amour ? » Il éclate de rire. « C'est encore mieux ! Elle, c'est une Bujold, pis son frère est le concessionnaire de la Molson pour la Gaspésie ! Le rêve, mon homme, le rêve ! La mer à perte de vue et la bière à volonté ! »

La conduite des partys était assujettie au flux des marées. À la hausse, tout se syncopait : le ton devenait plus vif, le débit saccadé, les danses frénétiques, les engueulades véhémentes et les empoignades spontanées. Il suffisait parfois de laisser tomber le seul nom d'un artiste à mauvais escient pour mettre le feu aux poudres.

J'étais au centre d'un tir de barrage entre un barbu au visage rougeaud et un futur architecte glabre sur un arrière-fond de sauterie débridée. Pour tout dire, l'artiste n'aurait pas eu besoin de brandir une signature pour déclencher l'affrontement, le seul rappel de sa profession aurait suffi.

Les relations entre l'architecture et la sculpture étaient encore plus tendues que les rapports entre les abstraits et les figuratifs. À fréquenter Roussil, j'avais appris la leçon. « Quand les architectes ne sont pas les clowns du pouvoir, ils se contentent de faire fonctionner l'industrie de la construction. Et le seul rôle de la sculpture est de leur servir d'abrille-merde ! » Il avait d'ailleurs trouvé une solution géniale pour intégrer les deux arts en créant des sculptures habitables.

« Ton Zadkine est un tailleur d'images d'Épinal surréalistes passées dans le tordeur cubiste ! » La pomme de discorde, un sculpteur français d'origine russe, avait fait l'objet d'une exposition récente au Musée des beaux-arts de Montréal. Désinhibé par l'alcool, le plaidoyer de l'étudiant n'en était que plus virulent pour défendre le credo de la ligne pure et des édifices libres de toutes pâtisseries imagières. « C'est fini le temps des bas-reliefs et de l'anecdote ! »

La contre-attaque du sculpteur fut du même cru. « Pis tu vas les remplacer par quoi, les anecdotes de Zadkine ou de Rodin ? C'est qui le messie de l'abstraction ? Ça peut pas être Moli, y s'occupe déjà de la peinture ! »

Avec l'assurance d'un joueur d'échecs qui s'apprête à donner le coup de grâce à son adversaire, l'interpellé lève la voix pour faire entendre le nom d'un poids lourd de l'art non figuratif dans la cacophonie ambiante : « Antoine Pevsner ! »

En art comme en religion, la foi aveugle de l'un est habituellement la sourde hérésie de l'autre. « On peut reprocher à Zadkine d'être Zadkine, mais y se donne au moins le trouble de recomposer des images originales, tandis que ton Pevsner se contente de couler des dessins d'ingénieur dans le bronze ! »

Les échanges semblaient assassins, mais il y avait peu de chance que la bagarre éclate. Trop de mauvaise foi de part et d'autre ! L'alcool aidant, ils quitteraient les lieux en se soutenant mutuellement.

Le reflux descendant n'altérait pas le tonus du pow-wow. On le sentait passer comme un frisson glacial dans un quatuor champêtre de Schubert ou la mort rouge dans la nouvelle d'Edgar Allan Poe.

Du coin de l'œil, j'avais aperçu une fille sur la piste qui frisait la crise d'hystérie. D'abord en fredonnant les tounes à plein régime, puis en lâchant des wouac stridents à contretemps, puis en se mettant à rire comme une défoncée, puis en fondant en larmes, puis en se frayant un chemin parmi le flot des danseurs, en hurlant à tue-tête « J'veux mourir ! », pour aller s'enfermer dans le haut lieu de toute menace de suicide qui se respecte dans un party : les toilettes.

L'escadron volant de la Reine de la nuit s'était aussitôt mis en branle pour empêcher l'infortunée, qui écrivait des poèmes, de commettre l'irréparable. Et pendant une bonne demi-heure, les filles et Janou Saint-Denis avaient négocié à travers la porte le retour de la poétesse dans le monde. L'événement était assez récurrent pour que la fête n'en soit pas troublée.

Nous étions accoudés au garde-fou à regarder la scène étrange qui se déroulait trois étages plus bas. L'escadron volant traversait la cour et se dirigeait dans une formation évoquant celle de la tortue des légions romaines vers une Volkswagen stationnée le long du trottoir.

De notre perchoir, en comptant la fille au centre, elles étaient six. La même réflexion nous a traversé l'esprit au même moment : « C'est pas possible ! » Et bouche bée, on les a observées s'engouffrer progressivement, l'une après l'autre, dans le petit habitacle, s'entasser sur la banquette arrière, et s'empiler sur les sièges avant.

Mon compagnon m'a dit : « Le remède est pire que le mal, y vont l'étouffer ! » Dans le temps de le dire, les vitres de la Volks s'embuaient. La petite voiture a démarré et le carrosse des vierges folles s'est éloigné dans la lumière de l'aube qui pointait.

Depuis des années, avec une régularité désespérante, *Le Devoir* publiait une enquête qui posait toujours la même question : « La littérature canadienne-française existe-t-elle ? » Et chaque fois qu'on la menaçait de mort imminente, tellement de gens s'agitaient à son chevet qu'on pouvait alors s'étonner qu'elle n'ait pas déjà rendu l'âme par manque d'air.

J'ai toujours conservé cette image déjantée d'une coccinelle blanche, aux vitres embuées, fonçant à l'aveugle dans la brume du matin pour sauver la poésie du suicide.

L'homme est l'ombre d'un songe, et son œuvre est son ombre

Ah ! les classiques ! Ces foutus classiques ! Ces augustes classiques, substantifique moelle de la formation de ma génération et de toutes celles qui l'ont précédée ! Combien de fois n'a-t-on pas brandi le latin et le grec des classiques pour marquer la supériorité de l'élite sur le bon peuple ?

Une anecdote qui date d'aussi loin que 1823 illustre parfaitement cette incompatibilité irréductible. En l'absence de Papineau, Vallières de Saint-Réal faisait office d'orateur au parlement de Québec. Il était plutôt collet monté et le manque de culture de ses compatriotes l'exaspérait.

Un jour, pour se payer la tête d'un député, il s'adresse à lui en espagnol, en latin et en grec. Mal lui en prit ! Imperturbable, le député Picotte s'est levé de son siège et lui a servi sa réponse en esquimau, en cri, en algonquin et en français. À chacun ses classiques, les siens étaient vivants et d'ici ! Ceux des cours classiques, importés et trépassés par définition.

Dans le souvenir embelli de leurs anciens, la formation a été rigoureuse. Au point d'invoquer aujourd'hui son exemplarité pour condamner l'usage abusif du copier-coller des étudiants de maintenant. Comme si le copier-copier d'antan avait été une vertu, et peiner à se relire en quatre langues avec l'anglais, une épiphanie.

Pour traduire les versions latines ou grecques en français et inversement les thèmes, nous disposions de quatre petits dictionnaires compacts dans une édition dite « portefeuille ». Qui n'aurait pas rêvé alors de pouvoir consulter les grands formats, où l'on trouvait, sous forme d'exemple, la traduction de citations complètes, tirées de surcroît des textes que nous avions à traduire et que nous n'aurions eu qu'à transcrire ?

Je devais la révélation de l'existence de ces ouvrages à une retenue commuée en corvée de déménageur. Il fallait libérer le local d'une réserve de tous ses livres et dictionnaires pour les intégrer dans la bibliothèque des pères, à laquelle nous n'avions pas accès.

Au poids des bouquins, j'ai pris conscience que la sagesse antique était moins lourde et moins envahissante que la pensée chrétienne. Soulever toute l'œuvre ultramontaine de Louis Veuillot rassemblée sur une plateforme aurait posé un défi de taille herculéenne à un émule de Louis Cyr !

« Sans compter le poids des âmes qu'il a ramenées dans le droit chemin ! », me fit observer le frère-bibliothécaire, avec le visage impassible d'un pince-sans-rire, tout en m'indiquant du doigt la rangée de grosses reliures en toile noire qui occupait la tablette du haut. « Méfiez-vous des écrits apologétiques ! »

Il me parlait de profil comme un confesseur. « Les doctes prêcheurs qui les ont signés n'étaient pas des gens commodes et les tirer de leur sommeil n'est pas sans risque ! » Après avoir gravement interrogé le vide, il se tourna brusquement vers moi, l'œil menaçant. « Ils vous secoueront de vos péchés comme un pommier ! »

Ma surprise lui redonna son sourire narquois. « Surtout, ne leur tournez pas le dos, sinon toute la cohorte risque de vous tomber sur la tête. » Et il m'a planté là à la jésuite, sans plus de cérémonie, tout satisfait de m'avoir déconcerté.

Mon rapport avec les classiques grecs ou latins était aussi superficiel que le fait d'enregistrer mécaniquement le nom des auteurs, en empilant dans un chariot les volumes d'une prestigieuse maison consacrée à la publication de textes anciens, Les Belles Lettres.

Je ne me souviens pas d'une seule conversation – et encore moins avec ceux qui excellaient dans l'exercice de la traduction – où nous ayons évoqué le contenu des œuvres que nous découpions allègrement à l'aveugle, pour ensuite les ramancher vaillamment au pif.

Tout à notre tâche mécanique du mot à mot, nous confondions alors la feuille avec la branche et la branche avec l'arbre, en ignorant finalement tout de la forêt.

Comme la longue colonne d'étudiants qui, depuis des générations, avaient été exposés aux mêmes manuels français, je n'ai retenu des auteurs grecs que deux mots dans leur langue : « *Thalassa ! Thalassa !* » C'est le cri de soulagement et l'explosion de joie des rescapés de la retraite particulièrement éprouvante et meurtrière des Dix Mille.

Commandant de l'arrière-garde de cette armée de mercenaires grecs, Xénophon raconte la scène dans l'*Anabase*. À bout de force, en haillons, éclopée, réduite à la dernière extrémité, la troupe hagarde aperçoit soudainement du haut d'une crête le sauf-conduit pour son retour au pays : « La mer ! La mer ! »

Le monde antique existant dans un espace indéfini, on n'avait pas cru nécessaire de nous préciser qu'il s'agissait de la mer Noire, ce qui n'est pas tout à fait évident lorsqu'on parle dans le texte d'un pont, le Pont-Euxin, traduction de *Pontos Euxeinos*, la mer accueillante.

Si la pédagogie *made in France* n'avait pas été ignorante de notre géographie, elle nous aurait proposé un autre épisode de cette épopée. Elle nous aurait entraînés dans une neige épaisse, avec un vent glacial de face qui lacère le visage des soldats, les transperce de bord en bord, quand il ne les congèle pas sur place.

« Après trois jours d'une marche forcée, plusieurs animaux, beaucoup d'esclaves et une trentaine de soldats avaient été ensevelis dans cette neige qui atteignait les six pieds, raconte Xénophon. Puisqu'il y avait beaucoup de bois là où nous avons campé, les feux ont été entretenus pendant toute la nuit. Une fois allumés, ils avaient creusé des trous en s'enfonçant jusqu'à toucher la terre ferme. C'est ainsi qu'on a pu mesurer la hauteur des neiges. »

Il va sans dire que les soldats grecs n'étaient pas équipés de raquettes. « Pour empêcher les pieds de geler en marchant, il fallait constamment les remuer sans prendre de repos, et se déchausser avant de se coucher. Sinon les lanières des sandales s'enfonçaient dans la peau et en gelant, les semelles se soudaient à la plante des pieds. »

Pieds nus dans un banc de neige, quelle horreur ! Ç'aurait été le genre de récit à nous donner une raison de

nous réveiller frigorifiés, au milieu de la nuit en criant :
« Thalassa ! Thalassa ! »

Grecs, romains ou français, pour désigner les classiques, on se contentait de laisser tomber un patronyme du bout des lèvres. En versification, on m'avait assigné d'écrire une dissertation sur les essais de Montaigne. Sans autre repère que son nom.

Montaigne tout court, tout plat ! Sans le Michel, qui aurait fait de lui à tout le moins un Michel, ou le Eyquem nous invitant à coucher dehors. Décidément, ça semblait un trait majeur du caractère des classiques de commencer par perdre leurs prénoms.

Ç'aurait pu être Montaigne sur un ton solennel ? Docte ou ennuyant ? Élégiaque ou pincé ? Hautain, j'aurais pu l'imaginer de haute noblesse. Dolent, perdu dans ses pensées. Précieux, emprunté ou maniéré. Pourquoi pas Montaigne, avec l'accent familier d'une soubrette de Molière égarée dans une pièce de Racine ? Ou dans le râle caverneux d'un prédicateur pendant une retraite fermée du carême ?

Mais non, c'était Montaigne, parce que Montaigne est Montaigne et que si vous n'allez pas de ce pas, jeune homme, à Montaigne, Montaigne vous manquera !

J'étais dans une des alcôves de la bibliothèque Saint-Sulpice, rue Saint-Denis, entouré de volumes racornis, aux airs revêches et renfrognés, qui souffraient visiblement d'un manque chronique de consultation. Les bibliothécaires, lorsqu'on s'avisait de faire appel à leurs services, adoptaient par une étrange antonymie le même air maussade et contrarié. Vieilles reliures et vieilles filles, mêmes peaux de chagrin !

Je parcourais sans enthousiasme des écrits pédants sur Montaigne. Ils se résumaient à un seul adjectif décliné sur tous les modes : c'est un grand auteur ! À me demander si le « grand » auteur lui-même n'aurait pas été gêné d'être constamment monté sur cothurnes. Tout en ignorant qu'il avait souffert du contraire dans sa vie. « C'est un grand dépit qu'on s'adresse à vous parmi vos gens pour vous demander : Où est Monsieur ? »

Le grand auteur avait une taille forte et ramassée au-dessous de la moyenne. Bref, Montaigne était petit. Il n'a d'ailleurs rien caché de sa personne, jusqu'au plus intime : il préférait se laver à grande eau et sa verge était, « *non linga satis* », un peu courte. Il s'habillait de noir et de blanc, ne tolérait pas d'être déboutonné et aimait les belles choses.

Le plus grand de ses plaisirs était la conversation. Son parler était sec, rond et cru avec un fort accent gascon. Il rédigeait ses lettres de sa main, avec des taches et des ratures, sans laisser de marge au papier.

Lors d'une visite à la bibliothèque du Vatican, il feuillette un livre de Thomas d'Aquin où il y a des corrections de la main de l'auteur et la découverte le conforte : le saint écrivait « d'une petite lettre pire que la mienne ». À rassurer tous ceux qui ont toujours une mauvaise main d'écriture !

Il défend « un parler succulent et nerveux, court et serré, non tant délicat et peigné comme véhément et brusque » et patronne une phrase aussi belle sur le papier qu'en bouche alors que la France grammairienne s'insurge contre les traductions de textes savants en langue vulgaire.

Comme son contemporain Rabelais, il avait eu vent de notre futur lieu de résidence. En 1561, l'année du sacre de Charles IX, âgé de onze ans, Montaigne rencontre des Indiens du Nouveau Monde et leur sait bon gré de s'étonner de la résignation des miséreux en France et du commandement confié à un roi si jeune.

Les études littéraires scolaires idéalisaient déjà, longtemps avant que Brassens ne l'ait célébrée, la belle amitié de Montaigne et de La Boétie, « parce que c'était lui, parce que c'était moi ». En revanche, on faisait moins de cas d'un texte étonnant, le *Discours de la servitude volontaire*, rédigé par son ami à dix-huit ans. Après la mort précoce de ce dernier, emporté par la fièvre à trente-trois ans, Montaigne planifiait pourtant de l'inclure dans ses *Essais*.

La publication précipitée du *Discours* par les réformés protestants, sous un titre plus explicite, le *Contr'un*, l'avait devancé. « La voix s'élève contre les peuples assotis qui attendent des tyrans un quart de blé, un sestier de vin et une esculée de soupe. » Il s'agissait d'un réquisitoire sévère contre l'absolutisme. Un appel à se « désassotir » qui ne trouvera d'écho que deux cents ans plus tard.

Dans la tourmente des guerres de religion qui faisait rage, Montaigne n'a de ferveur que pour la paix. Il opinait qu'on se devait d'observer « la loi du lieu où l'on est », ce qui l'avait fait catholique et périgourdin, sans plus d'apprêt.

L'existence d'un pendant féminin de La Boétie et le coup de foudre amical de Montaigne pour Marie Le Jars de Gournay étaient minimisés, sinon occultés.

Lorsque la jeune femme de vingt-deux ans rencontre son idole à Paris, elle a déjà écrit un roman discourant, *Le Proumenoir de Monsieur de Montaigne*. « Je ne regarde plus qu'elle au monde ! » L'attraction intellectuelle est réciproque. « Et la véhémence fameuse dont elle m'aima et me désira longtemps, avant m'avoir vu, sur la seule estime qu'elle en prit de moi est un accident de très digne considération. » Montaigne n'hésite pas un instant à en faire sa fille d'alliance et la désigner comme héritière de ses travaux d'étude.

Ils passent plusieurs mois ensemble. La passion d'amitié est une passion de l'intelligence. « Comme tenant leur prime mouvement de la rencontre d'un pareil, les grands esprits sont désireux, amoureux et affolés des grands esprits », écrit-elle. Mais, de retour chez lui, Montaigne meurt bientôt sans avoir revu Marie.

C'est l'homme de sa vie et elle consacre dès lors les quarante ans suivants à mener à bien la tâche qu'il lui avait confiée : l'édition définitive de ses *Essais*. Dans ses propres écrits, qu'elle réunit en 1626 sous le titre *L'Ombre de la Damoiselle de Gournay*, on trouve des essais inattendus comme *Grief des dames* et *Égalité des hommes et des femmes*. La devise qui chapeaute le tout ne déparerait pas un ouvrage contemporain : « L'homme est l'ombre d'un songe, et son œuvre est son ombre. » À cet égard, Montaigne lui doit la sienne.

Comme son maître, elle conserve un goût prononcé pour le françois charnu de Ronsard, honni par les malherbiens de tout crin, et fustige gaillardement « le train des donzelles à la bouche sucrée qui ne supportent pas les mots crus ». Entendez cul !

Si elle n'avait pas contesté à l'Académie française ce droit qu'elle s'arrogeait « de châtier à fer et feu notre langue et ses bons livres », Marie de Gournay aurait sans doute fait partie des membres fondateurs. Il faudra attendre près de trois cent cinquante ans avant qu'une candidature féminine se matérialise.

Devant les longs visages des malherbiens, la Damoiselle a l'avantage d'un héritage populaire qui procède de Montaigne et de Rabelais : l'autodérision. Invité au salon du cardinal de Richelieu, où il trône entouré de sa cour d'académiciens, ce dernier se paie royalement sa tête en lui servant un compliment truffé des mots échevelés qu'il a tirés de son recueil.

La vieille dame n'est pas démontée pour autant. « Vous riez d'une pauvre vieille, grand génie, riez, riez ; il faut que tout le monde contribue à votre divertissement ! » La vivacité de la de Gournay lui a valu une modeste pension. Mais la vieille fille encore verte ne s'était pas trompée. Dorénavant, les mots devront obéir au pouvoir et les auteurs le divertir. Dieu comme ces genses du XVIe siècle nous ressemblaient !

N'ayant pas le moindre soupçon de cette filiation, j'ai alors aligné dans ma dissertation la suite attendue de phrases creuses et de redites verbeuses, tout obnubilé que j'étais par l'étiquette de moraliste, dans le sens restreint de donneur de leçons, qu'on épinglait à Montaigne.

Pour les jésuites, le passé et le présent faisaient chambre à part. Leur divorce ne pouvait être qu'un perpétuel conflit pour des gens dont la vie au quotidien était encore régie par les lubies médiévales, le culte de l'obéissance absolue et le rêve apostolico-militaire de leur fondateur, Ignace de Loyola, un ancien soldat qui s'opposait déjà à la modernité de ses contemporains Rabelais et Montaigne.

Pour nous, le socratique « Connais-toi toi-même ! » jésuite subodorait l'examen de conscience. Le questionnement de Montaigne était de se saisir dans sa vérité par le parler de soi à soi. « Ainsi lecteur, je suis moi-même la matière de mon livre ; ce n'est pas sans raison que tu emploies ton loisir en un sujet si frivole et si vain. » Son approche aurait mieux correspondu à la modernité de notre propre jeunesse.

Confronté à la précarité de la vie à son époque, il répondait avec détachement : « Soyons toujours bottés, prêts à partir ! » Son attitude sereine faisait écho aux dernières paroles de Rabelais : « On a graissé mes bottes pour le grand voyage ! Tirez le rideau, la farce est jouée ! »

Si notre formation ne s'était pas résumée à copier leurs noms dans un carnet de rendez-vous avec le passé, les classiques n'auraient pas été condamnés à nous enseigner à être vieux et anciens.

Le corps des acteurs
et la patrie de l'auteur

Dans une école de théâtre où les acteurs sont leurs propres instruments, le corps est le facteur déterminant. Au tout début de leur formation, quand ce n'est pas déjà à l'audition, sa singularité attribue, à chacun et chacune, la place qu'ils occuperont dans l'orchestre. Rarement celle de leur attente.

Tous aspirent d'office à résonner comme un Steinway ou un Stradivarius. Sauf qu'une distribution disparate, réunie par le hasard, comme toutes les troupes, comprend généralement plus de flûtes traversières, de caisses claires, de hautbois et de musettes que de grandes orgues.

Depuis Molière et la commedia dell'arte avant lui, l'emploi des acteurs s'établit au gabarit. Un profil classique, une voix caressante et un physique agréable permettent d'aspirer aux rôles de jeunes premiers ou premières. Pour celui de grande coquette, une voix grave, s'ajoutant à une silhouette séduisante, convient parfaitement, comme une allure gavroche et une voix flûtée au rôle d'ingénue.

L'autorité d'un père noble ou la sagesse d'un confident s'imposent naturellement avec un visage ouvert et une voix bien timbrée. Alors qu'un rire effronté, le verbe haut et un débit saccadé annoncent la parfaite soubrette. Un visage changeant, l'œil narquois, la voix mielleuse, un physique passe-partout sont des atouts pour un menteur astucieux, intrigant et fourbe. Quant aux rondeurs, leur domaine se confine aux servantes délurées et sans gêne, aux valets corpulents, joviaux et beaux parleurs, aux paysans patoisants, crédules et matois, sans oublier les ecclésiastiques égrillards et les curés bons vivants.

Lorsque j'ai enseigné à l'École nationale de théâtre, la direction favorisait la création d'œuvres originales québécoises et une approche contemporaine du répertoire dramatique. Ce qui permettait aux élèves, le temps de leurs études théâtrales, d'échapper à la règle tyrannique du physique de l'emploi qui régit toujours la télévision et le cinéma.

La contrainte, néanmoins, de l'instrument demeurait inchangée. Le point crucial de l'apprentissage de l'acteur demeure la prise en main de son corps, qui est également la prise de conscience de son instrument. Après cette première distanciation, à ne pas confondre avec une prise de conscience de soi, l'étape suivante est l'adaptation obligée de l'instrumentiste aux limites de son instrument.

Une clarinette peut interpréter toute la gamme des sentiments, sauf qu'elle ne peut changer de nature et se faire trompette ou violoncelle. Si un chanteur de charme plafonne, on dit qu'il force la note, d'une comédienne qu'elle force son talent. En fait, tous deux ont atteint la limite de leur instrument.

Une séquence mémorable du *Citizen Kane* d'Orson Welles illustre cruellement cette vexation. Le magnat de la presse a financé une maison d'opéra pour sertir les talents de chanteuse qu'il prête à sa maîtresse. Nous sommes dans la nouvelle salle lors de la soirée d'inauguration. Sur scène, la cantatrice, tout habillée de lumière, attaque fragilement un aria du bel canto.

Dans le trou du souffleur, son répétiteur la mange des yeux et pousse du doigt chaque note de sa laborieuse escalade vocale, jusqu'à ce que la voix de la prima donna casse dans un ultime effort, au moment même où l'index du maestro frappe la calotte de la boîte.

La caméra poursuit l'envolée vers les cintres. Deux machinistes, appuyés au garde-fou d'une passerelle suspendue au-dessus de la scène, abaissent silencieusement le pouce de la mise à mort des jeux du cirque. Le jugement défavorable ou favorable d'une représentation devant public est sans appel. C'est la première leçon de la formation de l'acteur.

L'ensemble des cours, dans une école de théâtre, de la pose de voix au port du masque, en passant par la diction, le chant, la danse et l'escrime, tourne nécessairement autour de l'applicable, du palpable, du tangible, du ressenti: bref, du corps. Même la mémoire, celle des mots comme celle des sentiments, est mise au service du jeu.

Enseigner l'histoire du théâtre dans ce contexte n'est pas une priorité organique. Pour faire le poids, je me suis alors consacré à développer une tout autre musculature, en rebaptisant mon cours: gymnastique intellectuelle.

L'approche magistrale chronologique consistant à partir des Grecs, en descendant jusqu'à nos jours, sans jamais passer par le Québec, m'apparaissait tout aussi sclérosée que la coutume des sociétaires de la Comédie française de se transmettre la gestuelle et l'interprétation d'un rôle en miroir, de titulaire à titulaire.

Le rapport de la pratique théâtrale avec l'espace vide n'ayant presque pas évolué depuis la skéné des Grecs — et plus près de nous de l'estrade du parvis de Notre-Dame de Paris —, il me semblait naturel de partir de l'expérience contemporaine des élèves pour remonter le cours de l'histoire du théâtre.

Une navigation libre au gré des interrogations que les comédiens adressent depuis toujours à la réalité de leur art et de leur époque. Sans doute en se posant les mêmes questions : « À quoi jouent ceux qui prétendent ne pas jouer ? À quoi est-ce que je joue quand je ne joue pas ? » Avec des réponses à peine différentes !

Le théâtre vit des courants d'air du présent, tout en respirant le parfum des autres temps. Encore faut-il pouvoir identifier la fragrance ! On ne peut pas plus expliquer Shakespeare par Shakespeare que Tchekhov par Tchekhov ou Tremblay par Tremblay. Ce qui nous ramène par la bande à l'histoire et à la culture générale.

J'avais le loisir d'imposer la lecture d'un livre par semaine, des monographies biographiques, au choix de chacun : d'abord de poètes, puis de dramaturges, de musiciens et, en épilogue, de maîtres spirituels. Au moins vingt-cinq bouquins par année pendant trois ans, ça permettait d'élargir la gamme des souvenirs personnels, auxquels on faisait si souvent appel pour étoffer l'interprétation des personnages. Notre gymnastique intellectuelle en était également devenue plus aérobique.

« Laissez les livres vous choisir et les liens entre eux se créeront d'eux-mêmes ! » était ma seule recommandation. Et une remise justificatrice de notes de lecture comme devoir hebdomadaire. Il n'y avait aucun intérêt à les évaluer, mais en les parcourant rapidement, j'ai observé qu'il y avait une profusion de dates et fort peu de passages jugés dignes d'être notés. En parallèle, certains s'inquiétaient de ne pas se rappeler ce qu'ils avaient lu. Une déformation de l'apprentissage scolaire où tout ce qu'on apprend et tout ce qu'on enseigne sont en fonction d'un examen. Comme si, en tout temps et sur demande, la connaissance devait connaître sa connaissance et la mémoire avoir la mémoire de sa mémoire.

Or le savoir n'est pas la culture. « Son domaine commence lorsqu'on ne sait plus très bien de quel livre elle provient. » À preuve, j'avais oublié que ce constat me venait d'Ezra Pound, dont les essais critiques toniques m'ont initié à la modernité littéraire dans la vingtaine.

La connaissance de l'histoire, pour ce poète natif de l'Idaho, ne s'apparentait pas à un déroulement de séquences chronologiques. « On peut toujours anesthésier le passé et s'amuser à l'étendre sur une table en lui collant des dates un peu partout, mais tout ce que nous savons de ce que nous connaissons émane de nous et de notre époque. »

Pour le Montréalais que j'étais, la pugnacité de sa verve, l'irrévérence de son érudition et la familiarité sans apprêt de sa voix marquaient son américanité. Dans la foulée de ses grands prédécesseurs états-uniens, Stephen Crane, Bret Harte et Henry James, établis à Londres pour la légitimer, Ezra Pound avait fait de même pour l'imposer.

Au tout début du XXe siècle, il pilote le dernier contingent londonien d'exilés littéraires américains, dont son compatriote T. S. Eliot, originaire du Missouri, fait partie.

Si l'on se fie au romancier anglais Ford Madox Ford, l'extravagance de Pound, avec un sombrero aux larges bords, une barbe en pointe rouge carotte et une grande boucle bleue à l'oreille, ne passait pas inaperçue, même dans une ville d'excentriques.

Mais le manteau rose, la chemise bleue, la cravate peinte à la main par un artiste japonais et les pantalons coupés dans le feutre vert d'un tapis de billard étaient nettement une signature poétique visuelle, un pictogramme cubiste de ce qu'il a été : l'agent provocateur de la modernité.

Poète, critique et fondateur de revues littéraires, correspondant de plusieurs autres aux États-Unis, âme dirigeante du mouvement de l'Imagisme, il est tout à la fois, comme l'a décrit une de ses découvertes, Ernest Hemingway, « une sorte de ministre officieux de la culture et l'accoucheur en titre des nouveaux talents », dont celui de Robert Frost.

Pound est responsable de la publication du premier recueil de T. S. Eliot, *The Love Song of J. Alfred Prufrock*, refusé partout, et de la première mouture en feuilleton du *Portrait of the Artist as a Young Man* de James Joyce et de son *Ulysse* par la suite.

Il servira également pendant plusieurs années de secrétaire au poète William Butler Yeats, cheville ouvrière du mouvement littéraire de la Renaissance irlandaise et de son pendant théâtral, l'Abbey Theatre. Pound passe ainsi d'une Irlande à l'autre : celle de Yeats qui veut lui recréer une mythologie celtique pour fonder son indépendance et celle de Joyce qui espère la libérer de sa celtitude en l'engrossant de la culture du monde occidental.

La modernité de Pound est de tous les temps. Il la trouve d'abord chez les Chinois, dont les idéogrammes ne sont pas l'image d'un son, ou un signe écrit qui évoque un son, mais la représentation visuelle minimale d'un objet, d'une action, d'une situation ou d'une qualité apparentée aux divers éléments de l'image. Comment arrive-t-on à représenter la couleur rouge, par exemple ? Peindre une image en rouge ? Ça donnerait une teinte de rouge, et non la couleur qui n'a d'existence que dans un mot abstrait. L'idéogramme y parvient, en réunissant en un seul pictogramme les images simplifiées de la rose, de la cerise, de la rouille et du flamant. L'idéogramme chinois pour signifier le rouge fait appel à des éléments à la portée de tous.

C'est le point de départ de l'imagisme : l'image doit se suffire à elle-même. Il faut qu'elle soit claire, les mots qui la traduisent justes, précis, sans emphase et que le rythme de la phrase tire sa musique du souffle et non du métronome.

« Parcourant des rues étroites, / j'ai observé la fumée qui s'élevait des pipes d'hommes seuls, / en bras de chemise, penchés aux fenêtres. » La simplicité « en petit corps » de ces vers, tirés du *Prufrock* d'Eliot, avait tout pour choquer les tenants d'une poésie fin de siècle, laquelle, pour reprendre la formule de Pound, « se cherchait perpétuellement des sentiments pour les accorder à son vocabulaire ».

Eliot pratiquait ouvertement l'adultère culturel en publiant des poèmes en français. « En Amérique, professeur ; / En Angleterre, journaliste ; / En Yorshire, conférencier ; / À Londres, un peu banquier, / C'est à Paris que je me coiffe / Casque noir de jemenfoutiste. »

Quant à Pound, il déclarait sans ambages qu'on ne saurait jamais rien de l'art d'écrire, des vers, de la prose ou d'écrire tout court, si on n'avait pas lu quatre poètes français par qui la modernité était arrivée au XIXe siècle : Théophile Gautier, Tristan Corbière, Jules Laforgue et Arthur Rimbaud. Le premier, pour son appel à se libérer des contraintes de l'alexandrin et à faire « Fi du rythme commode, / Comme un soulier trop grand, / Du mode / Que tout pied quitte et prend ». Ce qui donne tout son sens à l'hommage rendu par Baudelaire, dans sa dédicace des *Fleurs du mal*, à son très cher et très vénéré maître et ami, poète impeccable et parfait magicien ès Lettres françaises.

Pourquoi Corbière ? Parce qu'on retrouve dans ses *Amours jaunes* une familiarité crue et une pratique de la taille directe qui s'étaient perdues depuis Villon. « Vous qui ronflez au coin d'une épouse endormie, / Ruminant ! savez-vous ce soupir : L'Insomnie ? / – Avez-vous vu la Nuit et le Sommeil ailé, / Papillon de minuit dans la nuit envolé, / Sans un coup d'aile ami, vous laissant sur le seuil, / Seul, dans le pot-au-noir au couvercle sans œil / – Vous êtes-vous laissé voyager en ballon ? / Non ? – Bien, c'est l'insomnie. / Un grand coup de talon / Là ! – Vous voyez cligner des chandelles étranges... / Une femme, une Gloire en soleil, des archanges... / Et, la nuit s'éteignant dans le jour à demi, / Vous vous réveillez coi, sans vous être endormi. »

Laforgue est né à Montévidéo, comme Lautréamont, et il est décédé à Paris dans la vingtaine, comme son compatriote. Son talent rare est un mélange unique de fine ironie et de sincérité où son désespoir s'exprime par la nonchalance même de son autodérision. « On m'a dit la

vie au Far West et les Prairies, / Et mon sang a gémi : Que voilà ma patrie ! / Déclassé du vieux monde, être sans foi ni loi, / Desperado ! là-bas, là-bas, je serai roi !... / Oh là-bas, m'y scalper de mon cerveau d'Europe / Piaffer, redevenir une vierge antilope, / Sans littérature, un gars de proie, citoyen / Du hasard et sifflant l'argot californien ! »
Avec Rimbaud, la modernité touche à sa forme la plus aboutie. Pas un mot de trop et l'image nette, sans ombre comme la photo d'une scène de crime. « Un soir, j'ai assis la Beauté sur mes genoux. – Et je l'ai trouvée amère. – Et je l'ai injuriée. » Pour Pound qui ne s'embarrasse pas avec l'écart des siècles, il n'y avait pas eu une approche poétique aussi directe depuis Catulle.

Dans la chronologie poundienne de l'histoire littéraire, Dante est un repère incontournable. Et après lui, Montcorbier, dit François Villon, le plus authentique et le plus absolu des poètes de France. Sa maîtrise insurpassable d'un art poétique, qui lui vient en partie de la filière des troubadours de Provence, marque la fin d'une tradition et du rêve médiéval.

La comparaison établie entre ces deux géants par Pound est éclairante. La vision de Dante est réelle parce qu'il l'a eue. Les vers de Villon sonnent vrai parce qu'il les a vécus. Dante tend un miroir à la nature, tout en étant lui-même ce miroir. Villon n'oublie jamais que c'est lui qui observe ce qu'il voit.

De tous les poètes, Villon est le seul sans illusions aucune. Il s'incline devant l'irrévocable et ne blâme personne d'autre que lui-même de ses actes. Villon n'est pas une théorie, c'est un fait ! Peut-on espérer meilleure définition de la modernité dans toutes les époques ?

L'américanité de Pound lui permet des raccourcis saisissants. Après Villon, le culte du latin s'est emparé des lettrés et pendant quelques siècles, l'ivresse de l'antique a poussé la poésie à adopter une langue artificielle et déconnectée de la réalité. Un long règne maniéré qu'il décrit judicieusement comme celui de la Fioriture. On n'écrit pas, on brode ! Auquel succédera, avec l'avènement des romantiques, celui de l'Épanchement. On n'écrit pas, on se déboutonne ! C'est excessif ! Ça manque de nuances ! Ça ne tient pas compte des chefs-d'œuvre ! Mais ça traduit assez bien la relation des écrivains avec l'écriture !

L'agent provocateur de la modernité n'en est plus à un scandale près pour révolter tous ceux qui croient dur comme fer que le grand art doit ressembler au grand art qu'ils ont appris à révérer. Sacrilège des sacrilèges ! Il soutient maintenant qu'avec l'arrivée de Stendhal et de Flaubert, la prose des antiromantiques a dépassé la poésie dans l'art d'écrire. « Avec l'auteur de *Madame Bovary*, on apprend beaucoup plus à donner un sens aux mots que dans toute la prose fleurie des dramaturges du XVIe siècle. »

Et dans la foulée de cette modernité, c'est Joyce, à son avis, qui a repris l'art d'écrire là où le solitaire de Croisset l'avait laissé. Dans *Ulysse*, il emploie plus de formes littéraires que Flaubert dans aucun de ses romans.

Là où Cervantes parodiait ses prédécesseurs en satirisant un seul type de folie et une forme ampoulée d'expression, Joyce, avec un sens inégalé de la concision, en satirise au moins soixante-dix, sans oublier une histoire complète de la prose anglaise.

Son personnage de Bloom est tout à la fois l'homme de la rue, celui d'à côté, l'homme moyen sensuel et également Shakespeare, le Juif errant, l'homme qui ne jure que par ce qu'il a lu dans le journal, monsieur Tout-le-monde et Ulysse. Toute la civilisation peut tenir dans une phrase ou dans une journée. Le projet de Joyce est aussi ambitieux que la *Divine comédie* de Dante, mais son point de vue s'apparente à celui de Villon. « L'artiste, comme le Dieu de la création, se tient à l'intérieur, derrière, au-delà et au-dessus de son œuvre, invisible, retiré en dehors de l'existence, indifférent, se curant les ongles. »

Si le XIXe siècle avait été le siècle des poètes, le XXe qu'annonce Ezra Pound – sans l'écrire explicitement – serait indubitablement celui des romanciers.

À vingt ans, un écrivain cherche invariablement à écrire comme les écrivains qu'il admire en s'inspirant de ce qu'il a lu. S'en libère-t-il en les imitant? Où se trouve sa voix? Dans le style, les sujets, les expériences de vie, les amours malheureuses, les revers de fortune, l'acharnement à écrire?

Un moment crucial de la formation de l'acteur est la réaction de chacun et chacune au fait de jouer sur une scène devant un public. Certains perdent leurs moyens, d'autres prennent leurs aises, éclatent de rire pour un rien ou plastronnent, alors que leurs partenaires apparaissent fragiles et vulnérables, au bord des larmes, à moins qu'ils ne choisissent de se déplacer posément, l'air grave, ou rapidement, le souffle court, ou de s'immobiliser subitement la bouche ouverte, l'œil tourné vers l'horizon, dans l'attente d'une apparition ou d'un applaudissement.

À la suite de cette expérience fondatrice, le groupe est rapidement divisé en trois catégories: les comiques, les dramatiques et les tragiques. Tout le travail de l'acteur est dorénavant de ne pas constamment rejouer sa réaction au fait de jouer sur scène, mais d'arriver à sortir de soi en interprétant des personnages.

Si le corps est l'instrument de l'acteur, quel est celui de l'auteur ? Pound répond vivement : la langue qu'il doit se forger dans le matériau des diverses langues qui habitent sa propre langue.

Et il laisse à Remy de Gourmont, un auteur fort estimé de Blaise Cendrars, de poursuivre plus loin la réflexion : « Un écrivain, un poète ou un philosophe n'a qu'une patrie : sa langue. Et ses mots traduisent le langage muet de son corps. »

Une incarnation, dont la prise de parole des poètes, lors de la *Nuit de la poésie* de 1970, a marqué à tout jamais la prise de corps de la poésie québécoise.

Ivres de peinture
comme deux vieux ivrognes

Une dame qui observe Courbet peignant un paysage finit par poser la question qui lui brûle les lèvres : à quoi pensez-vous à ce moment précis ? Le peintre lui répond : « Je ne pense pas, madame, je suis ému ! » Et dans la même veine, Cézanne surenchérit : « Rêvez devant la nature, ne la copiez pas trop. » Il faut peindre l'émotion avec l'œil fixé sur le motif. Et non le contraire, à moins d'être expressionniste.

Dans mes souvenirs d'été et d'hiver, la lumière de mon enfance est faite d'ombre et de lumière, beige et tamisée entre la cuisine et le salon, éclatante et radieuse sur la galerie ou dans la rue.

Celle de ma première jeunesse se partage entre une caresse chaleureuse et veloutée qui laisse derrière elle une odeur corsée de double expresso dans un café, parce qu'à l'époque, le soleil nu et brûlant des terrasses était frappé d'interdit ; et debout, en tablier blanc, entre la caisse et le comptoir, la fluorescence froide et bleutée des néons du plafond.

La lumière de mes vingt ans a température et tempérament ; elle claque, miroite et brasille à perte de vue sur la mer comme le soleil de midi sur les plages venteuses de Percé, de Bonaventure, d'Ingonish et de Terre-Neuve, ou elle rentre à Montréal pour chauffer à blanc l'asphalte des rues, le ciment des trottoirs, la brique rouge et la pierre grise des maisons, les rampes d'escalier, les toits de voitures et faire sauter le bouchon du radiateur de mes premières minounes.

L'éclairage de ma trentaine est artificiel puisque c'est la lumière du théâtre qui remplace toutes les autres, multicolore, rutilante, bigarrée, tape-à-l'œil, souvent pailletée, jaillissant du noir ambiant ou s'y enfonçant en s'y glissant petit à petit jusqu'au premier filet gris souris de l'aube qui tombe sur ma machine à écrire.

La quarantaine m'accueille avec une luminosité moins stridente, apaisée, quasi automnale, entrecoupée d'embellies et d'amour rayonnant; pendant que, sur les plateaux extérieurs de tournage, le soleil joue à cache-cache entre mes changements de costume et de personnage.

Ma cinquantaine demeure ensoleillée, sans extrême chaleur, découpant bien les détails de ma vie pour les mettre en valeur; ni Uccello ni Vermeer, plus près de Hopper et de Wyeth, avec en arrière-plan la lumière d'un studio de radio qui passe régulièrement du vert au rouge.

La lumière de ma soixantaine retrouve l'ancienne jeunesse de l'astre solaire amérindien et la vivacité de ses traits de couleur qui peignent un masque sur mon visage et une robe de cérémonie panachée qui me transforme en une œuvre d'art aborigène.

Septuagénaire, je découvre que le noir d'une nuit noire à la campagne est aussi noir que celui des bois gravés de Valotton et que les soirs de pleine lune, sous un ciel étoilé, le bleu indigo qui recouvre mon atelier et toute la prairie enneigée est aussi bleu que les bleus de Chagall.

À la brunante, la brume, qui avance en roulant ses ballots blanchâtres dans la plaine, m'en rappelle une autre qui dévalait les flancs des montagnes pour étendre son règne à fleur d'eau sur le lac Archambault comme dans une estampe japonaise.

« C'est la lumière du jour la plus difficile à saisir, m'avait alors confié un ami peintre. La forêt n'a plus de texture, tout est diaphane et fugace. C'est un type de paysage qui se peint de mémoire, en se fermant les yeux pour l'intérioriser comme les Japonais. »

Nous étions sur le quai du grand chalet de son père, où l'on se rendait tous les jours pour se baigner, après une session au chevalet dans son cas et à la table d'écriture et de lecture pour ma part. Son atelier, où j'ai séjourné quelques étés dans ma vingtaine, était situé à l'extrémité du domaine familial et n'avait pas encore d'accès à sa propre plage en contrebas.

Son nom était Bertrand, parce que, règle générale, les artistes peintres, sculpteurs ou graveurs, sauf les femmes, n'ont de prénoms que pour les intimes. Le sien était Jean et il était mon aîné de dix ans. Nous avons été des amis très proches, jusqu'à ce qu'il s'installe définitivement au lac Archambault dans les années soixante-dix. J'avais alors troqué la route trop fréquentée des Laurentides pour les bonnes manières de celle des Cantons-de-l'Est.

À l'époque, il était professeur à l'École des beaux-arts pour les cours du soir, et de jour, à l'École des arts appliqués. Étudiant au moment du *Refus global*, il se rappelait avec humour combien il avait été ébahi par un immense lit collectif lors d'une première visite au célèbre atelier automatiste de la place Christin.

Un sentiment rapidement transformé en émoi par l'arrivée de Muriel Guilbault, de retour d'une répétition de théâtre, qui sitôt entrée dans la pièce avait retiré son chemisier et son soutien-gorge pour se mêler impérialement à la discussion en cours.

Dans la société québécoise du temps, les pratiques de la libre-pensée et de l'amour libre n'étaient pas prises à la légère. Lors d'une réunion de famille, une des tantes de Jean, qui ne s'était jamais intéressée à sa carrière de peintre, manifeste soudainement un intérêt pour ce qui se passe dans le milieu des arts et l'interroge sur ses fréquentations. Lorsqu'il mentionne les automatistes, son visage s'éclaire. « Ah! C'est donc pour ça que t'es fiché chez nous! » Elle était secrétaire dans les hautes sphères de la GRC. Son neveu n'était pas communiste. Le pire avait été évité.

Au moment de notre rencontre, Bertrand était passé du figuratif qui ornait les murs de la salle de séjour de sa maison d'été, à l'abstraction qu'il mitonnait à l'étage supérieur dans un vaste grenier éclairé par des puits de lumière.

Les autres saisons, il peignait dans un atelier de la ruelle Saint-Christophe, percé d'une immense verrière, comme ceux d'Ayotte et Mousseau. Il a été repris ensuite par Richard Lacroix et son Atelier libre de recherches graphiques.

Jean aimait parler peinture et ses anciens compagnons de L'Échouerie l'auraient confirmé. Gilles Derome se souvient encore d'une discussion épique entre Bertrand et Goguen sur les différentes qualités des poils de pinceau.

Ceux qui n'ont pas partagé cette passion immodérée de parler peinture n'ont aucune idée du charme de la vie d'atelier. J'ai connu les coulisses du théâtre, de la photo, de la littérature, de la télévision et de la radio, mais rien n'a su remplacer la ferveur des peintres pour jaser métier à la fin de la journée.

La peinture est présente en permanence dans l'atmosphère des ateliers. Les petits maîtres comme les grands sont toujours là, en attente, les moins connus, les célèbres, les géants, les incontournables, les titans, prêts à intervenir en tout temps, à apporter leur témoignage, à répondre par un mot de Picasso, un juron de Pollock, un pied-de-nez de Dali ou un calembour de Duchamp, à servir de caution, à être enviés, admirés, invoqués ou vilipendés.

La peinture est la grande maîtresse, toutes ses rivales sont des compagnes. C'est son reflet, qui brille sans âge dans le fond des yeux des peintres, paré de tous les jeux de lumière, en plein soleil avec les tournesols de Van Gogh, à travers les brumes irisées de Turner ou le filament d'une ampoule nue, pendue au bout d'un fil, dans une chambre étroite, ou le clair-obscur d'un ancien entrepôt.

Bertrand racontait qu'aux Beaux-Arts, on leur imposait comme exercice de refaire des tableaux à la manière des maîtres modernes. Un phénomène, nommé Couture, originaire du Saguenay, qui, tout jeune, avait déjà exposé une trentaine de toiles surréalistes sans rien connaître du mouvement, parvenait en un tournemain à taper un Klee, un Braque ou un Juan Gris.

Sitôt terminé, il rangeait ses pinceaux et, pendant que ses confrères peinaient encore quelques heures à leurs chevalets, en enviant sa virtuosité, il allait jouer aux machines à boules. Sauf que Couture n'arrivait pas à trouver la moindre touche personnelle lorsqu'il était confronté à un sujet.

À sa sortie de l'école, il s'était engagé à la section décor de Radio-Canada, où son talent particulier lui avait permis de réaliser, entre autres, un chef-d'œuvre de minutie, la célèbre maquette du navire de Pierre Le Moyne d'Iberville, *Le Pélican*, sans parler des canons à l'échelle qui tiraient des boulets.

Bertrand voulait faire jaillir la lumière de la toile. Il avait la touche sûre, précise, rigoureuse, mais elle n'était pas fluide. Il s'appliquait à atteindre la liberté de ne plus avoir à s'appliquer.

C'est la résistance de la matière qui donne une épaisseur au tableau et transforme une image figurative ou non figurative en une œuvre abstraite qui traverse le temps.

« La matière n'est pas seulement le truchement entre l'imagination et son expression, disait Derain, elle a sa vérité propre. »

L'œil du peintre rectifie perpétuellement les images de la nature de ses prédécesseurs. Comme un réviseur de copie traque inlassablement des fautes de français, de tableau en tableau, il corrige des fautes de lumière, de forme ou de perspective. Il remet les choses en ordre, les visages, les intérieurs, les arbres et les plans d'eau.

Plus il s'approche du réel, plus il l'observe et l'analyse, plus il le décortique, pour ensuite le recomposer à sa manière. « La nature est plus en profondeur qu'en surface, avait relevé Cézanne, d'où la nécessité d'introduire dans nos vibrations de lumière une somme suffisante de bleuté pour sentir l'air. »

« Les idées ne suffisent pas, il faut le miracle ! Une réalité, ça ne se voit pas, ça ne se regarde pas, ça s'invente ! » Bertrand aimait bien citer Derain.

Les soirs d'automne, avec une attisée dans la truie de son atelier de ville, bien calé, pour ma part, dans un vieux fauteuil de cuir, la conversation se poursuivait pendant qu'il se livrait à un jeu de pied continu devant l'œuvre en chantier. La cigarette collée au bec en permanence, il ne perdait jamais son rythme de peindre entre les replis et les avancées. Un point noir sur la toile, un léger recul, un temps d'arrêt, un mouvement du pinceau vers la palette sans que l'œil quitte le point noir, une touche de couleur, une légère hésitation, l'œil qui se rapproche de la surface de la toile et la main qui ajoute un rappel de la teinte. Comme les mots m'apparaissaient irréels à côté d'un tube de peinture.

Puis, d'un geste sec, il fermait boutique. Le lendemain, il devait enseigner. Il déposait sa palette, recouvrait l'œuvre inachevée d'un drap et, avant de nettoyer ses pinceaux, s'arrêtait pour bourrer et allumer une pipe, habituellement une Peterson courbée ou une Dunhill avec un bon fourneau. Une passion pipière commune que nous avions élevée au niveau d'un art noble, en fréquentant Blatter, le célèbre hôpital de la pipe de la rue Sainte-Catherine et Mecque montréalaise des fumeurs.

Une quinzaine d'années plus tard, j'avais trouvé ma voie dans le théâtre québécois, Bertrand était revenu au figuratif et explorait l'univers de son enfance, en utilisant une technique à l'ancienne capricieuse et minutieuse, celle du lavis qui procède par minces couches de peinture successives en transparence. Avec un sourire en coin, il m'avait dit : « Quoi de mieux qu'un travail de moine pour peindre le Moyen Âge ! »

Lors de nos rencontres forcément espacées, après avoir passé en revue ce que nous étions devenus, avec le foyer qui crépitait dans la maison du lac Archambault, on parlait peinture et, en évoquant leurs noms, le cercle de lumière des peintres se reformait autour de nous.

C'était Bosch, Brueghel, Cranach. C'était Matisse, Pellan, qui pestait contre Borduas, Hurtubise qui découpait des taches, les sorties de bain de Bonnard, les autoportraits de Bacon et les chats de Balthus.

Comme jadis, on attendait que sa compagne du moment se réveille, avec les premières lueurs du petit matin, les yeux tout ébarouis de notre orgie de mots. On prenait un café ensemble. Ensuite, nous allions nous allonger dans nos chambres, ivres de peinture comme deux vieux ivrognes.

Sur le chemin de la Roche percée

Elle était nue. Elle était blonde. Elle se nommait Janet et nous étions à la recherche de sa petite culotte sur une plage de la Gaspésie, le long de la côte, à quelques milles de Percé. La chaleur était torride et je ne me souviens pas pour quelle raison nous avions quitté le vent rafraîchissant de l'île Bonaventure.

Avant de reprendre le ratissage, Hurtubise lance avec un sourire dans la voix : « Ça t'arrive souvent de les perdre ? », regardant en direction de leur absence. L'Écossaise lui rétorque du tac au tac : « Des petites culottes, Jacques, c'est pas des lunettes ! » Elle n'aimait pas qu'on se moque d'elle. Surtout lorsqu'elle prenait une décision qui lui semblait logique. Elle avait retiré son costume de bain moulant et se refusait maintenant à l'enfiler de nouveau parce qu'il était trempé.

Faut-il préciser qu'en ce beau dimanche, nous étions déjà partis pour la gloire avant de toucher terre. Jean-Paul Bernier aurait dit : « Il y en a qui cuisent au soleil et d'autres qui fermentent comme des grands crus ! » Nous étions mi-cuits et d'un cru joyeux et guilleret.

Bertrand a pris l'air un peu détaché qu'il adoptait pour faire face à ce genre de crise avec sa compagne. D'abord l'approche pragmatique : « Tu ne les aurais pas laissées dans l'auto ? » Elle était stationnée à une dizaine de minutes de marche. La réponse nous a tous pris au dépourvu. « Non ! Je les avais mises dans mon casse de bain ! »

Pendant que Jacques et moi cherchions à réprimer notre fou rire, Jean tentait d'alléger l'atmosphère : « Dommage que je n'aie pas apporté mes pinceaux et mes couleurs, j'aurais pu te peindre des bobettes mémorables. »

La mâchoire serrée, Janet Peace ne l'entendait pas de cette oreille. « Riez tant que vous voudrez, mais je ne partirai pas d'ici avant de les avoir trouvées ! » Puis, rageusement, à l'intention de Bertrand. « Tu sauras que c'est pas mes petites culottes que j'ai oubliées, c'est ma blouse ! »

Le fou rire m'a repris et, incapable de parler, j'ai suivi mon doigt qui avait indiqué la mer et je suis entré dans l'eau salée pour vérifier à tout hasard si les bobettes en fugue n'avaient pas pris le large.

Janet avait le corps d'une sylphide, un peu garçonne, et une allure juvénile. Pour justifier ses bonnes manières et son langage raffiné, elle confessait descendre par sa mère d'une grande famille britannique, les Neville. Sauf que ce naturel réservé masquait une impétuosité tout écossaise, qui n'attendait qu'une occasion pour manifester son caractère indomptable. Souvent lorsque le gros bon sens ou la simple réalité contestaient ses impulsions spontanées.

Jean Bertrand avait dû faire un saut à Montréal pendant l'été et m'avait ramené en voiture à Percé. Je m'ajoutais au

Sur le chemin de la Roche percée

trio qu'il formait déjà avec Janet et Jacques Hurtubise pour le dernier mois de leur séjour sur l'île Bonaventure.

À l'époque, avec un système routier raboudiné au gré des victoires électorales, le trajet devait bien durer une quinzaine d'heures. Dans la bulle ovoïde d'une Volks, sous un soleil de plomb et l'alternance des quarts de conduite au volant, notre seule distraction était la conversation. Plus on suivait le fleuve de près, plus on entrait dans une autre lumière en traversant de longues plages d'un silence admiratif, imposé par la splendeur des paysages.

La première fois que j'ai rencontré Jean Bertrand, par l'entremise de John Max, il habitait un appartement, près d'un parc, à Outremont. Nous sommes passés au salon, au début de l'après-midi, pour aussitôt s'engager dans une joute intellectuelle, un peu équivalente à une partie amicale de tennis pour prendre la mesure de son partenaire.

J'ai servi le *Matin des magiciens* de Louis Pauwels, il a répondu avec *Les yeux d'Ézéchiel sont ouverts* de Raymond Abellio. Khrisnamurti a suscité Blavatsky. Gurdjeff, Ouspensky! La Table d'émeraude, le Nombre d'or! Son Jung, mon Bachelard! Hermann Hesse, Ernst Jünger! Suzuki, Alan Watts! J'ai marqué des points avec Lovecraft et Borges. Et lui avec les écrits de Malevitch et de Klee. Lorsque nous avons mis fin à la partie, Max avait quitté les lieux depuis longtemps et Janet, à son arrivée, avait eu la surprise de nous découvrir à discuter dans la pénombre du salon. C'est ainsi qu'a débuté notre longue amitié.

Après deux ou trois heures de route, même en baissant les fenêtres, la ouaguine du peuple s'était transformée en un bain-marie sur roue. L'idée même d'ajouter à nos bagages un animal à poil dans une cage aurait été saugrenue.

C'est ce que Jean avait tenté en vain d'expliquer à Janet avant d'entreprendre leur premier aller à Percé.

Lorsque Bertrand racontait des histoires, il avait une légère tendance à fabuler. Quand j'en étais le héros d'ailleurs, je me prenais souvent à rêver avoir réagi avec le panache qu'il me prêtait. Il s'était donné jusqu'au pont qui franchit la rivière Richelieu pour faire demi-tour et ramener l'animal à la maison. Il avait déjà prévu en sous-main que la voisine en prenne soin pendant leur absence. Sauf que la bête était cataleptique depuis son entrée dans l'habitacle. Janet s'en trouvait confortée. « Tu vois, il se sent en sécurité. »

Bertrand lui prêtait plutôt une duplicité malicieuse. De fait, dix milles plus loin, le diable était aux vaches dans la cage et le chat miaulait à tous les saints qui jalonnaient la route. Jean avait tenté de faire le vide, mais la méditation et la conduite automobile n'allaient pas de pair.

Janet avait choisi d'ignorer le ravaud infernal. Chaque arrêt pour gazer ou se sustenter provoquait le même rituel, le chat devenait muet comme une carpe, sa maîtresse proposait de sortir la cage pour qu'il prenne l'air et son geôlier s'y objectait fermement.

Un peu dépassé Kamouraska, la bête avait quitté le registre des chats de Rossini pour aborder celui de Wagner en grondant, feulant et miaulant à fendre l'âme. La solidarité animale de sa maîtresse ne fit qu'un tour, mais avant qu'elle ne tire le chat de sa prison pour le consoler, Jean lui racontait une histoire de sa jeunesse, celle d'une famille qui se rendait tout bonnement à son camp d'été près de Saint-Donat, par les routes hasardeuses des Laurentides, lorsqu'on avait libéré par aventure un chat dans la voiture.

Le pauvret était devenu comme fou, il s'était jeté partout, en sautant sur les têtes et les épaules, en se cognant aux vitres, de la lunette arrière jusqu'au pare-brise avant, d'où le chat affolé avait sauté au visage du père, lui faisant perdre le contrôle de sa berline, qui avait sauté dans un ravin, avec toute la famille. Janet éclata de rire, Jean fit de même. Soudainement apaisé par leur hilarité, le chat s'est endormi jusqu'à leur arrêt dans un camping, à Trois-Pistoles.

Comme Jean manquait d'histoires de chat sous la tente, la bête avait obtenu d'y dormir aux pieds de sa maîtresse. Dans son sommeil, Bertrand rêvait d'une panthère rugissante qui s'apprêtait à lui sauter dessus quand un cri humain l'a réveillé. « Le chat est parti ! »

Il était trois heures du matin et dehors il faisait clair comme en plein jour. « Faut pas s'en faire, c'est la pleine lune, y va être revenu avant le déjeuner. » L'astre de la nuit n'avait pas le même effet d'insouciance sur sa compagne. Ils se sont donc engagés dans le sous-bois avec des flashlights pour débusquer l'évadé. Il s'était réfugié sur une branche haute, dans un immense pin, d'où il faisait mine de les ignorer.

Le dilemme classique ! Ou attendre son bon plaisir, ou se prêter au jeu humiliant du félin qui passe à une branche supérieure à l'instant précis où il est à portée de main. Janet avait beau le supplier de redescendre, Bertrand s'obstinait dans son ascension. Finalement coincé, le fugueur lui était passé sur le dos, toutes griffes dehors, pour rejoindre le sol. Sa maîtresse en furie l'avait saisi par le chignon du cou et jeté dans sa cage. Dorénavant, la bête n'en sortirait plus. Incidemment, je n'en ai jamais connu la couleur. Je l'ai toujours imaginé gris et persan.

Lorsqu'ils ont repris la route, l'animal avait perdu toute sa superbe, se contentant de gronder et de ronronner en chiquant la guénille. La suite du voyage a été sans histoire. Avant de s'attaquer à l'installation sur l'île Bonaventure, ils se sont arrêtés pour une nuit au Cap-des-Rosiers. Le lendemain matin, en s'extirpant de la tente, la cage était vide. Lequel des deux avait entrouvert la porte ? Jean y avait sûrement songé. Néanmoins, son sourire énigmatique me laissait croire que Janet lui avait rendu sa liberté.

Quand j'ai émergé de la mer, après avoir cherché sur une longue distance un illusoire sous-vêtement féminin en forme d'algue, je me suis tourné vers un appel insistant de klaxons en provenance de la plage. Sur la route provinciale qui longe la rive, toutes les voitures étaient immobilisées. Et un public de curieux, hommes et femmes, pères, mères et marmaille, s'agitait en riant et en zyeutant ce qui se passait en contrebas.

Côté jardin, Jean et Jacques semblaient toujours chercher paresseusement des agates sur la grève, mais sous les cris d'encouragement d'une foule bon enfant, à l'autre extrémité, Janet à poil s'avançait fièrement d'un pas élastique, brandissant victorieusement sa petite culotte à bout de bras.

À chacun sa statue de la Liberté, celle-là me convenait parfaitement. Dix ans plus tard, elle portera une brassière en flammes au bout d'une hampe. C'était cet avant-goût du futur que les artistes importaient chaque été à Percé avec la bénédiction des Guité, ces Médicis de la Gaspésie, dont un des membres éclairés, Suzanne, artiste et sculpteure, avait fondé le Centre d'Art, quelques années plus tôt.

« En observant les arbres et les roches, le ciel avec ses nuages et ses étoiles, la mer ou un corps humain dénudé, on découvre un monde où le christianisme n'a aucune place », écrit Alan Watts dans *Nature, Man and Woman*. Après avoir croisé, de village en village, une pléthore d'églises dont l'ostentation, le volume et l'élévation des clochers agenouillaient, pourrait-on dire, tous les bâtiments aux alentours, c'est le sentiment diffus que j'ai ressenti en apercevant pour la première fois le rocher Percé, mouillant un peu de travers sur une mer calme, tout en bas d'un pic.

« De la même façon qu'on ne peut attribuer un paysage de Sesshu à Constable ou une symphonie de Hindemith à Haydn, poursuit Watts, on ne peut confondre l'auteur de la religion chrétienne et celui de l'univers. On peut apprécier ou non leurs différents styles, mais il est clair que l'œuvre n'est pas de la même main. »

Le rocher Percé est une sculpture colossale des temps géologiques. Devant sa majesté immémoriale, on comprend facilement que les anciennes civilisations aient senti le besoin de s'inventer des ancêtres titans pour expliquer de tels chefs-d'œuvre qu'on dit naturels. Il y avait sûrement un Hercule amérindien enfoui dans la mémoire des Micmacs. Mais avait-on même cru bon de leur demander ?

« J'ai vu la roche païenne ! s'est écrié le poète surréaliste Yvan Goll, lors d'un séjour à Percé en 1943. Née de l'Œuf de la Tempête / Au temps des migrations de la pierre / Roche percée / Quelle terreur te fit geler dans les bras du Labrador / Appelant en vain au secours avec tes milliers de fossiles / Entre Malbaie et la baie des Chaleurs. »

Goll l'a vue dans tous ses âges et toutes ses facettes. « Roche Danseuse / Voleuse de soleil / Pillant le prisme pour vêtir ta chair calcaire / Des sept voiles de l'aurore / Des sept fleurs de la Gaspésie / Te maquillant du mauve au lilas à l'orange / Danse danse / Danse tes mousselines de gannets tes dentelles de monettes tes volants de cormorans dans tes soieries de cobalt. »

Michel Garneau m'a raconté qu'à la fin des années 1940, son père avait perdu le souffle à la vue de ce que le Percé de sa jeunesse était devenu. Lorsque j'y étais, dix ans plus tard, il aurait été foudroyé par une attaque cardiaque. Dix ans après, nous étions accueillis par une trâlée délirante de Tweedle Dee et de Tweedle Dum intarissables comme dans le conte de Lewis Carroll, vendant tous et chacun les mêmes souvenirs dans une succession de boutiques identiques s'enfilant à perte de vue. « Chaque copie est unique, la deuxième à moitié prix ! »

Goll avait déjà noté dans *Le Mythe de la Roche percée*, publié à Montréal en 1945, que malgré sa présence obsédante pour les pêcheurs qui la contournaient « à grandes ramées », la « Roche Malhumaine » demeurait étrangère au village qui portait son nom.

Oisifs et blasés, les touristes s'employaient à laisser leurs cartes de visite sur la plage comme à Old Orchard ou Hampton Beach : des papiers gras, des conserves et des éclats de verre coloré pour faire concurrence aux agates.

On s'inquiétait sans trop insister du fait que le Rocher s'effritait. Mais je reste persuadé que sa maladie de pierre l'a sauvé de l'avidité de ses promoteurs. Sinon, on l'aurait coiffé d'un hôtel, d'un ascenseur extérieur et d'une série de cabines.

La nuit, la première chose aperçue du haut du pic aurait été une gigantesque enseigne au néon clignotant dans la brume nocturne : *Sorry! No vacancy!* Mais le mystère existait toujours pour nous qui avions le privilège d'habiter l'île Bonaventure et de contempler du haut des falaises la solitude abyssale de ce bloc erratique, encore tout empreint du silence originel.

Devant la nature sauvage, écrit Watts, nous sommes des exilés à perpétuité, confrontés à notre solitude existentielle dans un monde insensible. Ce sentiment d'effroi se traduit généralement par une sorte de révérence atavique devant ce qui nous exclut et nous dépasse, qu'on nomme aussi le sens du sacré.

Avec le ciel, la mer, la Roche percée et l'île, j'étais mieux servi que dans toutes les églises que j'avais fréquentées.

Le souvenir d'un présent inaltérable

Ma première impression du village de Percé a été celle d'un cirque ambulant. Le capitaine Dorion, un vieux loup de mer plus vrai que vrai, assurait l'accueil sur le quai. Assis sur un quart de harengs, le regard moqueur, la trogne burinée par le soleil, il haranguait la foule des excursionnistes d'une voix bourrue.

Son laïus coloré d'aboyeur se terminait par une promesse aviaire lancée à la volée : « *You see the birds, the birds see you!* » Dans la langue de Victor Hugo, c'était Triboulet faisant les honneurs du Parthénon.

Sous d'autres cieux, la circumambulation par bateau autour du rocher Percé et de l'île Bonaventure aurait marqué à tout le moins un lieu sacré. Le refus nord-américain de permettre à la nature du continent de modeler une explication du monde, qui diffère de son souvenir de l'Europe, avait relégué le site au rang d'un phénomène, digne du type d'attention qu'on accorde aux curiosités dans un musée d'histoire naturelle.

Depuis l'invention de la villégiature estivale en Gaspésie au tout début du XXe siècle, il suffisait de mettre le pied sur l'embarcadère de Percé en saison pour être assailli par un aussi grand nombre d'invitations à entreprendre le tour de l'île qu'il y avait de bateaux prêts à appareiller.

Les embarcations mettaient d'abord le cap sur le rocher Percé, sous la gouverne d'un capitaine avare de mots, reconnaissable à sa casquette, et d'un guide volubile. Les bateaux côtoyaient longuement le mégalithe sur une mer généralement houleuse. Ensuite, ils piquaient au large pour atteindre le versant nord-est de l'île Bonaventure, longer une impressionnante falaise, dite du Mur noir, et s'immobiliser autant que faire se peut à la hauteur du Rocher aux Oiseaux. Les plongeons spectaculaires des fous de Bassan compensaient largement le tangage et le roulis.

Après avoir dépassé la pointe de Lazy Beach, les voyageurs, encore tout secoués par le contre-courant, retrouvaient la mer plus clémente du versant nord-ouest de l'île, remarquant au passage une maison vitrée accrochée au flanc de la falaise, dite du peintre américain.

Lorsque le forfait de l'excursion incluait un arrêt insulaire, les bateaux accostaient au quai avant de rentrer à Percé. Une fois à terre, leurs passagers empruntaient un sentier qui menait au faîte du Rocher aux Oiseaux. Dans un caquetage assourdissant, ils découvraient un ballet aérien ahurissant de fous de Bassan, où ceux qui atterrissaient étaient constamment remplacés par d'autres qui s'envolaient.

Comment chacun de ces grands oiseaux de mer parvenait-il, du haut des airs, à repérer les siens sur cet immense tarmac de plumes blanches et de têtes jaunes ? Les touristes n'avaient pas le temps de s'attarder à résoudre ce casse-tête d'aiguillage. Le bateau n'attendait pas les retardataires.

Accomplir le même parcours à la rame autour de l'île était une tout autre expérience. Du coup, nous avions retrouvé les conditions de navigation en bateau de cuir de saint Brendan et la sensation d'être de vigie sur le dos d'une baleine. Sous la régularité trompeuse des vagues, la mer déployait mille ruses au service d'un seul but : précipiter notre chaloupe contre les rochers.

On se sentait tout petits dans nos sandales, mais on pouvait toujours se défouler en sacrant contre la mer. Les falaises, en revanche, nous inquiétaient par leur mutisme. À quoi bon s'époumoner devant leur indifférence ? L'être humain ne faisait pas partie de leur mémoire. Curieusement, le poids de leur présence nous portait à ramer plus vigoureusement, parler sans lever le ton et arborer un air grave.

On s'approprie souvent les paysages en les revêtant à tort d'un sentiment ou d'un ressentiment. Comme on peut se donner l'illusion de mener un dialogue inégal avec la mer. Mais pas avec l'image fossilisée d'un temps qui échappe à l'expérience humaine. D'où ce malaise diffus d'intense solitude qu'on ressent devant l'insondable.

La muraille de l'île avait néanmoins une faiblesse : une fissure où la chaloupe pouvait se glisser en suivant un couloir sinueux, taillé dans le roc depuis le haut de la falaise, jusqu'à une petite crique, qui avait servi de repaire aux contrebandiers faisant le commerce d'alcool avec Saint-Pierre-et-Miquelon. On avait quitté la préhistoire pour un roman de Robert Louis Stevenson.

À mon arrivée, la plus grande partie de l'île Bonaventure était encore inviolée. La première navette quotidienne entre Percé et l'île datait d'à peine deux mois. À la fin de l'été, l'outrage de l'invasion touristique s'annoncera déjà irréparable.

L'île n'était pas déserte, mais désertée, parce qu'elle avait déjà été habitée. On racontait qu'à une époque, plus de cent barques de pêche mouillaient dans la rade de Percé, et un grand nombre d'entre elles du côté de l'anse à Butler, près du quai.

Les familles insulaires partageaient leur temps entre l'agriculture, la pêche, et la préparation de la morue. Comme au temps de Jacques Cartier, la « molue » devait être évidée, étêtée, désossée, enduite de sel et séchée au soleil. Sans oublier les travaux de tonnellerie, de charpenterie de marine et la fabrication des filets de pêche.

Pendant deux cents ans, la mafia jersiaise a contrôlé les pêcheries et saigné la Gaspésie à blanc. L'île avait compté un de ses parrains, John Le Boutillier, parmi ses résidants. La consonance du nom est trompeuse.

Comme la famille Robin, qui avait la main haute sur toute la côte nord-gaspésienne jusqu'à Percé, les Le Boutillier Brothers étaient de Jersey, britanniques, protestants et trilingues. En plus de l'anglais et du français, ils conversaient en jersiais avec leurs gérants et leurs commis, auxquels ils interdisaient de prendre femme au pays.

« Ça n'aurait pas changé grand-chose de comprendre leur baragouin, me confiait le capitaine Ti-Lou, en me dressant le portrait peu édifiant des Robin, parce que l'important, vois-tu, c'tait pas les mots, c'tait la toune qu'y fallait entendre, parc'que c'tait l'même air dans les deux langues : toute pour la morue, rien pour le pêcheur ! »

La grande pêche a cessé dans les années trente. Pourtant, on avait l'impression que cela datait d'hier. À la brunante, le hameau des anciennes installations de pêche, en bordure de la grève de l'anse, se dressait comme un îlot hanté.

Tout avait été laissé là, en plan, abandonné à la diable, comme on sacre son camp, sans demander son reste, et le gris cendre des planches, défraîchies par le vent, le sel et la pluie, ajoutait sa teinte morne à la désolation des bâtiments. Comme si le décor n'avait pas encore fait le deuil de sa vie d'antan.

Le long du chemin qui menait à Lazy Beach, quelques maisons, aussi isolées que délaissées, dégageaient une atmosphère de mystère qui s'apparentait à celle du *Twilight Zone* de Rod Sterling, où les gens n'avaient qu'à descendre d'un autobus sur un quai désaffecté, dans une gare déserte, pour entrer dans un autre monde.

Nous n'avions qu'à quitter la route et à nous enfoncer dans la broussaille. La sauvagerie de la nature, mariée à l'exubérance des champs en fleurs, accentuait l'étrangeté de ces maisons refermées sur elles-mêmes comme des silos de silence.

En s'en approchant, une sorte de peur de déranger s'imposait. Souvent, par la fenêtre, on constatait que tout semblait tel qu'au moment du départ, sûrement précipité, puisque le couvert était encore sur la table de cuisine.

Il n'y avait rien pour faire saliver un antiquaire. Des objets usuels qu'on distinguait dans la pénombre d'une lumière dorée de fin d'après-midi. Une théière. Un canard sur le poêle. Un cheval de bois rustique à bascule pour enfant. Une lampe-tempête au kérosène. Et, sur le mur, un vœu pieux : une croix noire de la tempérance.

Si on avait su se glisser à l'intérieur, on aurait sans doute pu respirer l'air de leurs propriétaires.

Leur absence était sûrement plus présente dans notre monde que leur présence ne l'avait jamais été dans le leur. Un poète allemand a écrit que le comble de la pauvreté était de ne pas avoir assez d'ombre en partage pour habiller son fantôme.

Sur l'île, nous habitions la maison ensoleillée du capitaine Brochet. Elle ouvrait sur la rade. Jean Bertrand et Janet Peace occupaient chacun un atelier au premier étage, le mien était au deuxième au-dessus d'une remise, et dans une grange, un peu plus haut à l'arrière de la maison, Jacques Hurtubise travaillait aux toiles de grand format qui ont fait sa jeune réputation.

Le petit hôtel, situé à quelques pas de l'interminable escalier de bois qui donnait accès à l'île, accueillait peu de clients. Ses propriétaires apportaient une touche irlandaise à la couleur locale et opéraient depuis peu la goélette de pêche remodelée qui offrait le service de traversier. Les Delaney avaient l'hôtellerie dans le sang. Tous les matins, ils étaient les premiers clients de leur propre bar.

La nouvelle régularité des allers-retours du traversier avait chamboulé leur vie anarchique en leur imposant un horaire de moine. Dans un sens ou dans l'autre, chaque voyage occasionnait un long battement dans leurs deux ports d'attache. Nos joyeux drilles avaient pris l'habitude de caler le temps mort dans un bar de Percé. Et de le cuver béatement au retour.

Ainsi, tout le long du jour, d'hôtel en hôtel, les Delaney marchaient de plus en plus droit sur la terre ferme et de moins en moins sur leur bateau, peu importe l'état de la mer.

La bouésson, dit-on en Irlande, est un mauvais sort qui pousse l'homme à chercher noise à son voisin, à faire feu sur son patron et à le rater. Un soir de brouillard aussi épais sur la rade que dans le cerveau de son équipage, le traversier des Delaney avait cherché le débarcadère de l'île une partie de la nuit du côté de Lazy Beach, en pleine mélasse, à plus d'un mille en aval de son ancrage. Le lendemain, la mésaventure s'était métamorphosée en aventure. « Si on avait gardé le cap, on se serait peut-être réveillé dans un pub à Dublin ! »

Le frère aîné des Delaney était le navigateur hors pair de la famille. Dans certaines circonstances, son sens de l'orientation était légendaire. Il lui suffisait d'être saisi d'une rage de boire, surtout en soirée, pour qu'il saute, en moins de deux, dans son canot à moteur et fonce dans la nuit noire, la pluie, le vent ou la brume pour traverser la rade à l'aveugle et accoster à Percé à quelques pieds de l'hôtel où il avait choisi d'aller. Et répéter l'exploit au retour.

Il était toujours un peu distant, parfois même absent, du fait que la guerre lui avait laissé une plaque de métal vissée au crâne. On sait depuis Cain et Abel que les relations entre deux frères sont souvent difficiles. La pension de vétéran de l'aîné était l'envie secrète du cadet.

Un jour, ce dernier, qui portait en permanence la tête d'un lendemain de la veille, m'accueille sur le traversier avec un grand sourire. Une bonne nouvelle ? Il exulte et me confie que son médecin a découvert des traces de shrapnell dans les os de sa jambe lors d'une radiographie. Comme je ne saisis pas en quoi il y a là matière à sabrer le champagne, il s'empresse de m'expliquer qu'avec cette preuve, il pourra enfin réclamer une pension militaire d'invalidité pour blessure de guerre. Nonobstant le détail que depuis la fin du conflit mondial, il n'a jamais souffert du moindre handicap à cause de ces foutus éclats d'obus.

Qu'importe! Il se convaincra du contraire en plaidant sa cause auprès de ceux qui ont le pouvoir de le pensionner. D'ailleurs, il a déjà reçu l'appui du maire, du député et avec un souper bien arrosé, il obtiendra celui du ministre fédéral qui passe ses vacances au pic de l'Aurore.

« Pour la classe qui se tue à boire, a écrit Oscar Wilde, le travail est une malédiction. »

En dehors des Delaney et de notre quatuor, peu de gens passaient la nuit dans l'île. Au nord de la maison Brochet, il y avait notre voisin agriculteur, alerte et râblé, un homme sans âge au regard perçant. Insulaire de peu de mots, il avait établi un excellent rapport avec Jacques qui jargonnait le franco-anglais avec une assurance désarmante.

Une petite maison basse au sud, tapie dans la verdure, était occupée par deux fleurons de la bohème montréalaise. Georges Raby, homme de livres et de lettres, enfilait d'ores et déjà calembours et bons mots avec une verdeur qui ne s'est jamais démentie jusqu'à aujourd'hui.

Sa compagne Hélène Ouvrard, plutôt sauvageonne, travaillait à son premier roman, *La Fleur de peau*. Il surprendra par son audace quelques années plus tard. Sa réserve était inversement proportionnelle à la flamboyance de son frère, Pierre Ouvrard, qui inventait à la même époque la reliure d'art au Québec.

Notre seul autre voisin au sud était un artiste solitaire en résidence dans la maison vitrée de la falaise. Jean soutenait qu'il était bossu. Jacques, qu'il transportait son gréement de peintre sous son ciré et Janet qu'il attirait la pluie. Compte tenu du nombre de journées ensoleillées dont j'ai bénéficié durant mon séjour, il avait dû se terrer chez lui dès mon arrivée.

Vingt ans plus tôt, les peintres auraient quitté la maison tôt le matin avec leur chevalet à bretelles pour peindre sur le motif, comme les paysagistes l'avaient fait dans la région depuis le XIXe siècle. Mais la politique de la maison était non figurative.

Dans son atelier, Bertrand travaillait sur une série de gouaches particulièrement éclatantes en utilisant une palette dominée par des couleurs qui ne lui étaient pas coutumières, les jaunes et les orangés. La composition des œuvres par touches franches, horizontales et verticales, alliée à une pratique subtile des transparences, s'accordait parfaitement à la lumière radieuse de l'île.

Peace était dessinatrice médicale dans la vie. Elle fréquentait les salles d'opération pour croquer sur le vif les organes malades et les diverses étapes des interventions chirurgicales. Elle en tirait ensuite des planches aux dessins précis que les médecins annotaient.

L'aquarelle lui permettait de s'évader de la reproduction du réel, pour explorer un univers de paysages intérieurs, faits de ciels rouges, de soleils brun sable, de mers noires et de plages safranées.

Enfermé dans sa grange, Hurtubise attaquait ses canevas de six pieds sur cinq avec la fougue et l'entêtement d'un Riopelle. Il ajoutait inlassablement de nouvelles versions sur les précédents essais. Dans ses compositions, les masses de couleurs s'entrechoquaient, en s'éclaboussant mutuellement au point de collision. Il aimait les coupes mal léchées. Le chaos n'était pas une représentation du chaos. Il était dans la toile, comme le diable est dans la bricole. Dans sa tête, Jacques était déjà à New York avec les expressionnistes abstraits. Plus tard, lorsque j'ai revu les toiles, lors de leur exposition, les couleurs n'étaient souvent plus les mêmes, à cause de l'interaction des différentes superpositions pendant le séchage, mais sa rage de peindre y était demeurée intacte. Et ne l'a pas quitté depuis.

Au milieu de cette effervescence visuelle, j'étais le parent pauvre. J'ai bien tâté du lavis d'encre de Chine, des craies de cire et des feutres, mais je demeurais tributaire du hasard. Tout était dans l'aléatoire de la gestuelle et peu dans sa maîtrise. Comme un acteur qui s'applique à jouer un chanteur, en faisant fi de l'essentiel qui est d'avoir une voix pour chanter.

Pour le peintre, l'œuvre est une image, pour l'écrivain, l'image est le point de départ d'un poème, une chanson, un film, une pièce ou un roman. G. K. Chesterton a écrit que toutes les œuvres d'art, comme les crimes, possèdent une marque distinctive. Peu importe les complexités de l'exécution ou les péripéties inextricables de l'action, le centre en est toujours simple.

Dans *Hamlet*, pour le citer, « le grotesque du fossoyeur, la couronne de fleurs de la folle, l'incroyable raffinement des habits d'Osric, la lividité du fantôme et l'hilarité du crâne de Yorick ne sont que des excentricités dans une guirlande tressée autour de la figure tragique d'un homme vêtu de noir ».

On aimerait croire que c'est la première image que Shakespeare a eue de sa pièce : celle d'un grand dadais en noir au milieu d'une foule de courtisans bigarrés. Pour Molière, l'homme en noir a donné le *Tartuffe*.

En se libérant du trompe-l'œil référentiel, l'image du peintre n'existe plus en dehors du tableau, elle est le tableau. Elle se confond avec l'acte même de peindre depuis les automatistes. Pour le poète ou le dramaturge, l'apparition de l'image ne fait que soulever une partie du voile qui masque l'ensemble du tableau.

Il ne faut pas confondre l'œuvre avec la page blanche de sa conception. Rien ne nous dit que l'homme en noir a été le premier à mettre Shakespeare sur la piste d'Hamlet. Le fantôme importun aurait fort bien pu être la première image qui a suscité l'intérêt du dramaturge ou celle d'un comédien qui parle à un crâne qui deviendra le crâne d'un comédien.

Remonter la filière, reconstituer un monde à partir d'un détail, d'un indice, d'une pièce détachée, d'un mot ou d'une réplique, est la façon qu'ont les écrivains de peindre sur le motif.

Les œuvres non figuratives de mes amis subissaient néanmoins l'influence de la nature de l'île Bonaventure : l'éclat miroitant de la lumière pour Bertrand, l'horizon infini du large pour Peace et les traces du combat avec la mer gravées dans la pierre des falaises pour Hurtubise.

Le décor n'était pas propice à concevoir des œuvres littéraires chuchotées. À l'époque, je fréquentais les bardes gallois du VIe siècle, Myrrddyn qui est Merlin, Taliesin et Lywarch-Hen.

Pour dire leurs poèmes, on les imaginait debout, bien droits, les pieds plantés au sol pour affirmer la puissance du verbe à la face du monde. « Je ne suis pas celui qui ne chante pas ! », lançait Taliesin avant d'entonner son épique *Combat des arbrisseaux*.

Issue de pays nordiques, dont la configuration des côtes et les îles était proche parente de celle du rocher Percé et de l'île Bonaventure, leur poésie avait appris à converser de plain-pied avec les éléments. « La nuit est longue ; nue la lande, blanche la falaise / grise la mouette élégante au bord du précipice / rudes sont les mers. Il y aura pluie », écrivait Lywarch-Hen.

Avec une image floue de chevaux fendant l'écume des vagues pour point de départ, je me suis risqué à emprunter la plume d'un barde.

« Coursiers descendus de l'aube / Chevelures frémissantes des monts dévastés par votre chevauchée / Coursiers qui franchissez une colline d'une enjambée / Écorcez une forêt d'une ruade, dévalez des ravins escarpés / comme les nuages bas qui annoncent l'orage

« Coursiers bloqués sur les plages étroites / Ensablés au pied des falaises / S'enfonçant, se heurtant, se blessant / Trempés par le poudrin, cravachés par le grain / Troquez l'entrave pour l'horizon !

« Coursiers de foudre et d'ouragan / Chevauchant l'écume qui brasille / Le goémon qui se dérobe et les méduses qui éperonnent / Rabattez de vos sabots la crête de l'abîme / Coursiers noirs et coursier blancs ! Envolez-vous ! »

Après une journée d'atelier, tous les jours ou presque, nous empruntions le chemin de la baie des Marigots, qui était le nom français de Lazy Beach. On ignore toujours le nom jersiais. C'était probablement le même qu'ils appliquaient à l'ensemble de leurs obligés. Les marigots étaient des tire-au-flanc qui s'esquivaient du travail pour se donner du bon temps sur la plage.

Je ne me souviens pas qu'on y ait échangé une seule idée digne d'être notée. Nous étions simplement heureux d'être là. Ensemble. Nous remplacions les phoques qui n'étaient pas encore arrivés à cette hauteur du fleuve. Sans aller jusqu'à faire tourner des ballons sur notre museau, nous abordions l'eau froide et les contre-courants avec la même vigueur nordique.

Et éprouvions sans doute le même plaisir à nous étendre sur le sable chaud. Nous avions l'impression atavique de faire partie de l'immensité. Le vent était doux. Le ciel bleu. Le golfe clair. Et la mer un peu trop majestueuse pour danser sur un air de Trenet.

Le nom de la plage annonçait bien la couleur, elle était trop paresseuse pour avoir un avenir ou un passé. Elle n'était que la célébration du bonheur du présent. Ce qu'elle demeure à ce jour dans mon souvenir, un présent inaltérable.

Les soirs de bruine et de brumasse, l'île redevenait mystérieuse et primitive. Enveloppés souvent par un brouillard à couper au couteau, sans points de repère, on chaussait sans effort les mocassins des Micmacs qui s'étaient inventé une ogresse géante pour matérialiser leurs angoisses.

Avec le passage des années, la Gougou avait pris la forme d'une vieille Sauvagesse. Cruelle et malfaisante, elle tirait ses victimes de leurs cachettes par les cheveux et les glissait dans les poches profondes d'une robe rapiécée qui couvrait toute l'île.

Difficile, en progressant à tâtons dans la fumée, de ne pas marcher dans les pas du fameux curé auquel les légendes gaspésiennes font toujours appel pour ramener la nature païenne à l'ordre. Il faut admettre toutefois qu'avec l'aide d'une seule croix brandie pour le guider dans un brouillard intense, le pauvre homme avait plus de chances de se retrouver, le cou cassé, au fond d'une coulée que d'évangéliser une berlue.

Par une nuit d'exaltation, je suis monté au-dessus de la brume pâle qui flottait sur les berges. Debout sur le cap Butler, devant la taciturnité narguante de la Roche percée, avec à mes pieds le tambour sourd des coups de bélier inlassables de la mer contre la falaise et le fracas de la retombée des vagues dans une explosion de phosphorescence, comment ne pas ressentir l'infinie solitude d'être un humain dans un monde fait pour des titans ?

« Un esprit qui viendrait planer là, ne pourrait / Dire, entre l'eau sans fond et l'espace sans borne, / Lequel est le plus sombre, et si cette horreur morne, / Faite de cécité, de stupeur et de bruit, / Vient de l'immense mer ou de l'immense nuit. »

L'imaginaire hugolien de Guernesey, comme celui des Micmacs, avait la modestie d'être à la hauteur de la démesure de la nature.

Avec une ligne d'infinitude gravée au fond de la rétine

Tout aurait pu se terminer avant d'avoir commencé. Notre séjour sur l'île Bonaventure tirait à sa fin. Blocs et pinceaux rangés, la maison Brochet avait retrouvé sa fonction d'origine. Désormais en vacances, nous étions fin prêts pour la folle équipée qui nous conduirait à Saint-Pierre-et-Miquelon.

Une dernière tâche restait à accomplir avant de troquer l'île pour l'aventure : orchestrer le transport de la production féconde de Jacques Hurtubise. La facture des toiles excluant leur enroulement et leur format taxant indûment la pauvreté des ressources disponibles, la solution du problème fut l'occasion d'une véritable odyssée !

En commençant par la construction de la caisse d'emballage. Que dire, une caisse ? Une chambre forte ! Comme presque tous les artistes visuels que j'ai connus, Jacques se doublait d'un patenteux. Pour protéger ses œuvres pendant le transport, il a donc imaginé un système qui maintiendrait chacun des cadres à distance l'un de l'autre, ce qui augmentait le volume de la boîte.

Depuis Léonard de Vinci, on sait qu'un long moment peut s'écouler entre une maquette et sa réalisation. Coup de chance ! Notre voisin disposait d'un stock de planches. Patenteux également par nécessité insulaire, il pratique tous les métiers, dont celui de charpentier. Le fruit de son labeur s'avère monumental. L'habituel contreplaqué pour les panneaux et les montants de la caisse a été remplacé par un revêtement de planches larges et épaisses, sciées à l'ancienne. Toute la réguine a l'aspect d'un coffrage de barrage.

Devant ce « radeau vertical », Jean Bertrand propose d'emblée, avec une pointe d'humour, que la caisse fasse dorénavant partie des œuvres et soit exposée en même temps que les toiles. Sans le savoir, Jacques aurait été en avance sur l'ère des installations.

Dans l'éclairage doux du matin, la subtilité des tons roux et paille du bois rugueux allégeait la masse imposante de la caisse. Une illusion d'optique ! Avec ses brancards en deux par quatre, elle pesait une tonne. Sauf pour le voisin, qui ne semblait pas connaître sa force en la soulevant comme une vulgaire poche de patates. Mon paternel aurait plutôt dit qu'il était fort parce qu'il ne la connaissait pas.

Dans la suite de son périple, le radeau vertical empruntera presque autant de moyens de locomotion que Charles Trenet dans son *Voyage au Canada*. D'abord, une charrette à quatre roues, tirée par un cheval, jusqu'à l'embarcadère de l'île.

Avant d'y arriver, il aurait fallu descendre à pied l'interminable escalier de bois qui y menait. Nous avions tous une expérience de déménageur dans les escaliers montréalais, mais le radeau vertical était au-dessus de nos forces conjuguées.

À peine engagé dans les marches, son poids l'aurait poussé à débouler la pente raide à toute allure, en nous entraînant derrière lui cul par-dessus tête et, bondissant de palier en palier, à rouler jusqu'à sauter dans la mer, brisant tout sur son passage comme le téléphérique lâché lousse dans la scène finale de *Zorba le Grec* de Kazantzakis. Du moins, on pouvait l'imaginer si on avait lu le livre.

La charrette a donc sagement continué son chemin jusqu'à l'anse à Butler, d'où l'embarcadère était accessible depuis la plage. Une fois hissée à bras sur le quai, la caisse a été transbahutée jusqu'à la goélette des Delaney. La traversée étant relativement courte, il n'était pas question de la descendre à la cale pour être obligé de la haler comme des démons au débarcadère de Percé. On coupa alors au plus court en l'installant sur le passe-avant et en l'attachant au mât pour la retenir.

Son périple se poursuivra ensuite en pick-up jusqu'à la station et en train jusqu'à Montréal. C'est à ce moment-là que Jacques a obtenu la confirmation du chef de gare que ses déménageurs n'avaient pas sacré en vain : le radeau vertical pesait près de six cents livres.

Dans le fond du vent, la matinée avait conservé un zeste de la fraîche de la nuit. La blancheur des mouettes et des goélands se détachait sur un ciel bleu clair et le soleil irradiait sur la rade. Adossé à la caisse, j'observais l'écume qui jouait à saute-mouton sur les vagues comme une surfeuse infatigable, sans jamais reprendre son souffle, toujours dans le rythme. Je regardais la mer et je me perdais comme on se perd dans ce mouvement perpétuel, dans cette « image du fantôme insaisissable de la vie » dont parle Melville dans *Moby Dick*.

Lorsque le moteur du bateau des Delaney a calé subitement, nous longions le Rocher à la hauteur du trou percé, un endroit aux forts courants où il était recommandé de ne pas s'attarder. La première réaction de l'équipage a été une altercation entre notre capitaine et son second pour déterminer lequel des deux était responsable de l'entretien du moteur. Une étape irlandaise obligée avant de s'attaquer à la panne proprement dite.

Le bateau immobilisé, le tangage et le roulis s'accentuant, je devais constamment repousser la boîte contre le mât. Le câble qui la retenait avait pris du slaque. Du côté de la panne mécanique, les choses avançaient. La prise de bec des Delaney portait maintenant sur le coffre à outils et l'absence inexpliquée d'un marteau. On aurait pu croire que, dans les circonstances, il était préférable de ne pas avoir une arme contondante à portée de main.

Au prochain roulis, j'ai dû repousser la caisse de tout mon poids. En jetant un coup d'œil derrière moi, j'ai vu qu'entre elle et le bord du bateau, il n'y avait que la largeur de mes souliers. Je n'ai pas attendu le prochain roulis pour risquer de passer par-dessus bord avec le radeau vertical sur mes épaules.

Jamais deux sans trois ! Cette fois, la nouvelle engueulade se rapprochait du but, elle abordait la nécessité ou non de « primer » le moteur pour le démarrer. Peine perdue ! À bout de mots, le capitaine fut pris d'une crise de rage impuissante et se mit à invectiver le moteur de bêtises et de jurons en anglais, en lui donnant de grands coups de botte. Il semble que c'étaient deux langues que le moteur comprenait : l'anglais et les coups de pied. Il s'est mis à hoqueter, à tousser, à se désenrhumer trois ou quatre fois, un bon crachat et nous sommes repartis.

Jacques ne quittait plus la caisse des yeux et se croisait les doigts pour que le vernissage de sa première exposition solo ne se tienne pas au fond de l'eau. Quant à moi, je dérivais sur les eaux troubles de *White Jacket*, un récit autobiographique de Melville. Tout jeune, l'auteur avait navigué sur un voilier dont le nom était d'à-propos, le *Saint Lawrence*. Un jour qu'il travaillait à fixer la voile du mât de perroquet, un tangage inopiné du navire le précipita à la mer du haut de la vergue. Une chute de cent pieds !

Melville décrit sa longue tombée, avec les images de ses parents qui passent sur un voile devant ses yeux, la nausée, les poumons plats, les dix mille livres de plomb, attachées à sa tête, qui le tirent comme une roche vers la mer, et la force de l'impact qui le retourne comme une crêpe. Dans mon cas, j'aurais sûrement été assommé par la masse de la caisse.

Après un grondement de tonnerre assourdissant dans les oreilles, la glissade, pieds devant, du jeune matelot se poursuivait sous l'eau dans le grand apaisement d'un silence vert pâle et un sentiment d'extase jusqu'à ce que la poussée de la chute s'épuise et débouche sur un moment de panique totale. Ensuite, son corps remontait doucement vers une lumière qui miroitait là-haut comme une étoile, et de plus en plus vite, jusqu'à ce que sa tête jaillisse de nouveau à l'air libre.

Libérés d'un poids qui, à tout prendre, avait pesé encore plus lourd pendant la traversée, nous avons débarqué, allègres, au quai de Percé, en forme pour vernir de moult bières bien frappées le départ de l'avenir de Jacques vers la gare. La caisse avait d'abord eu une fonction, puis une histoire, et maintenant un destin.

Chesterton dit du voyageur qu'il ne voit que ce qu'il voit, et du touriste qu'il ne voit que ce qu'il est venu voir. Saint-Pierre-et-Miquelon ne représentait pour nous qu'un point sur la carte, comme le nord sur une boussole. Ce fut néanmoins la destination que nous avons espéré atteindre jusqu'à la fin de notre équipée. Pourquoi ? Sa singularité d'être la seule parcelle de terre, en excluant le Mexique, qui échappait à la domination anglaise en Amérique du Nord. Bref, le nec plus ultra de l'exotisme !

Tout était dans le mouvement. Nous ne sommes pas vraiment partis pour aller quelque part. On voyageait pour bouger et on roulait pour rouler, voir du pays et faire le plein des trois plus belles choses du monde : la lumière, l'espace et l'eau.

Comme tout bon Montréalais, mon univers était conditionné par l'observation des visages. La Gaspésie m'a initié à une nouvelle liberté du regard : la contemplation des paysages. On n'a pas à les envisager ou à les dévisager, on s'en laisse imprégner. Tout tient finalement à l'ouverture sur la mer et à la ligne d'horizon.

Les paysages que j'avais emmagasinés depuis mon enfance étaient généralement enclavés, ceux du lac Saint-Louis comme ceux des Laurentides ou de la Rive-Sud. C'est sans doute la raison pour laquelle, sur leurs vieux jours, les exilés gaspésiens reviennent souvent au pays pour mourir devant la mer : cette ligne d'infinitude gravée au fond de leur rétine.

En se relayant à quatre au volant d'une Volks, dire qu'on faisait corps avec l'habitacle n'était pas un euphémisme. Jean pilotait notre minibolide comme une Triumph, Jacques comme une Thunderbird, j'avais opté pour une Citroën DS. Il n'y avait que Janet qui conduisait la bombette comme une coccinelle de compétition.

La plus grande des petites aurait-elle une place dans les fables de La Fontaine qu'on la trouverait du côté de la mouche du coche plutôt que de la grenouille qui veut se faire plus grosse qu'un bœuf. On roulait ferme, rapide et barbeux ! Chaque fois qu'on doublait une grosse voiture impériale américaine qui s'éjarrait sur la route, la nique était perçue comme une bravade insolente.

Ce crime de lèse-virilité véhiculaire exigeait une riposte immédiate.

— R'garde p'pa, le char est tout p'tit, pis y va plus vite !

La mâlitude n'avait guère d'autre choix que de peser à planche sur l'accélérateur pour sauver la face du conducteur. Et la voiture de bondir comme un taureau dans l'arène pour nous dépasser à tombeau ouvert et nous semer avec la marmaille en délire qui nous faisait des pieds de nez et des bye-bye dans la lunette arrière.

Une heure plus tard, nous croisions le véhicule de l'enragé en haut d'une côte, sa grosse bagnole stationnée, le capot ouvert, au bord de la route. Le roi du *kick down* y contemple d'un œil vide la fumée blanche qui s'échappe du radiateur. Il fait mine de ne pas remarquer nos sourires triomphants.

Les peintres ont deux dadas incontournables. En premier, l'autoportrait, dont Rembrandt, Van Gogh et Frida Kahlo sont les champions incontestés. En deuxième, la représentation de leur atelier, où ils occupent l'avant-plan : soit seuls, comme Vermeer et Ensor, soit avec leurs modèles, comme Vélasquez et Picasso, ou leurs amis, comme Courbet.

Dans tous les cas, il y a des toiles pendues au deuxième plan, toujours légèrement ou complètement hors foyer. On a sacrifié le détail pour ne garder que l'équilibre des masses, le contour des formes et le mouvement des couleurs qui ne reproduisent pas, mais évoquent le *feeling* des œuvres.

Si j'accroche la mémoire de mes souvenirs à l'arrière-plan de ce voyage, c'est ce qui s'en dégage : un *feeling*. Les peintres taoïstes chinois enseignent que la dualité entre celui qui observe et ce qui est observé n'existe pas. C'est un peu ce qui m'est arrivé : je me suis perdu dans ce que j'ai entrevu.

Après avoir contourné la baie des Chaleurs, le contact direct avec la mer a été coupé. Jusque-là, sa lumière nous avait fait oublier la pauvreté environnante. Les masures toutes déglinguées qui défilent maintenant sous nos yeux s'additionnent.

On aurait pu emprunter l'expression populaire selon laquelle les structures ne tenaient debout que par la peinture, mais le bardeau noirci par les intempéries n'avait jamais vu les poils d'un pinceau. On répétait avec ironie que les habitants de ces maisons avaient le privilège de fouler la terre battue de leurs aïeux au saut du lit. Une façon de souligner que leurs habitats n'avaient ni solage, ni plancher.

Nous amorcions la traversée d'un pays où les Bazous étaient l'objet d'un culte aussi insolite que celui du Cargo en Mélanésie. L'armée américaine, engagée dans la guerre du Pacifique pendant la Seconde Guerre mondiale, avait établi des bases opérationnelles dans plusieurs îles mélanésiennes. Les aborigènes éberlués constatent que tout arrive en abondance par la voie des airs: provisions et matériel. Dans l'espoir d'obtenir les mêmes faveurs du ciel, ils construisent des leurres pour attirer les oiseaux de fer: de fausses pistes d'atterrissage en forêt et de faux avions en bois.

Devant la plupart des résidences qui jalonnent notre parcours, la place d'honneur n'est pas occupée par une statue lumineuse de la Vierge Marie ou une Grotte mariale en fond de bouteille comme c'est souvent le cas au Québec. À tout seigneur, tout honneur, on la réserve à un Bazou du dernier cri, c'est-à-dire d'un cru qui date d'au moins dix ans.

Quel bungalow respectable de banlieue n'était pas flanqué à l'époque d'une auto fraîchement cirée et fièrement exhibée sur la travée d'asphalte jouxtant la pelouse? La preuve irréfutable que son propriétaire n'était pas à pied.

Au pays des va-nu-pieds, le Bazou en est le reflet déformé. Il se présente habituellement comme l'aboutissant d'un alignement de vieilles carcasses de voitures où se côtoient des châssis dénudés et rouillés, des vieux sédans tout déconcrissés ou des pick-ups sans moteur, sans portières, sans pneus et sans pare-brise. Tout un chacun, présume-t-on, a contribué, d'un accessoire ou d'une pièce majeure, à la fière allure du dieu lare de la maison.

Le culte du Bazou s'inscrit dans une chaîne ascendante de réincarnations successives et nourrit en sous-main, à l'instar de celui du Cargo, l'espoir fou de participer au rêve américain d'une automobile flambant neuve devant chaque foyer.

Encore aujourd'hui sur les routes secondaires, à l'entrée des chemins de traverse ou sur des parterres, on trouve des voitures esseulées qui s'affichent à vendre. La culture du Bazou a été remplacée par celle de la « Minoune ». Ainsi va l'évolution des cultes, du rêve d'un paradis de l'auto, au commerce des indulgences dans un purgatoire de bagnoles.

Comme l'esquif d'Ulysse qui court d'une île à l'autre, la valise sous le capot et le moteur en poupe, notre coquille de noix sur roues poursuivait inlassablement sa route.

Je n'ai pas souvenance qu'aucun d'entre nous n'ait manifesté auparavant un intérêt particulier pour le homard. Mais à partir du moment où la présence annoncée du crustacé fut constamment reportée, sa recherche a transformé notre périple en une quête obsessive.

Un peu comme dans la *Chasse au Snark* de Lewis Carroll :

« Nous avons navigué bien des semaines, nous avons navigué bien des jours, / Mais de Snark, de vrai Snark, pour la joie de nos yeux, / Nous n'en avons point contemplé jusqu'à présent ! »

Mon premier souvenir de l'animal aquatique remontait à ma tendre enfance. Pour marquer les grandes occasions, la coutume familiale était de briser la routine de l'ordinaire en festoyant dans le Chinatown. À cette époque, le Nanking Café, coin Clark et La Gauchetière, en était le cœur.

En entrant dans le restaurant, on tombait sur un grand aquarium où s'ébattaient d'étranges bêtes en armure qui s'entrechoquaient et soulevaient des nuages de débris par leurs mouvements disgracieux. Leur monstruosité bleuâtre se devinait dans les eaux brouillées. Elle aurait dû m'effrayer. Je me souviens plutôt d'avoir été interloqué par la totale absurdité de ces créatures. Comme nous l'avions appris à l'école, Dieu étant à l'origine de chacune d'entre elles, cet agglomérat de pinces énormes, d'antennes et de cinq paires de pattes, était sûrement le fruit d'un instant d'égarement divin. Un de ces moments « mains plein de pouces », connus de tous ceux qui se sont attaqués à la construction d'un modèle réduit d'avion, au temps du bois de balsa et du papier de soie.

Dieu, par nature, se devait d'œuvrer d'une coulée et sans plan, bref, assez rapidement pour maintenir sa création au diapason du flux de l'inspiration et, surtout, sans s'arrêter pour visualiser l'œuvre en cours. Son résultat homardier pourrait être qualifié de collage automatiste.

Raymond Queneau était plus empathique envers les états d'âme du homard, allant jusqu'à se glisser dans sa carapace : « Sait-on quel changement radical cela doit être dans la façon de comprendre la vie que d'avoir ses os autour de soi ? » Dans *Saint-Glinglin*, il se faisait fort d'avoir établi une catégorie qui réunissait l'huître, le homard et l'homme dans le partage d'une même angoisse existentielle, tous trois étant solidaires d'une même crainte permanente devant l'Univers.

Cette peur immanente avait poussé les deux premiers à s'emmurer dans des carapaces. À l'inverse, après avoir perdu successivement sa coque, ses écailles et sa fourrure pour se retrouver nu comme Adam et Ève, l'homme l'affronte. « Les yeux de l'un et de l'autre s'ouvrirent, ils connurent qu'ils étaient nus, et ayant cousu des feuilles de figuier, ils s'en firent des ceintures. » C'est la version zizipanpan de la Bible. En fait, l'homme et la femme avaient soudainement pris conscience de leur état tragique, celui d'être une chair fraîche, immensément désirable pour l'ensemble des prédateurs de l'Univers.

Autre point de convergence avec le homard : une chair délectable. Derrière le volant, en évoquant la succulence du homard thermidor, le lyrisme gastronomique de Jean Bertrand nous creusait l'appétit qui vient en parlant. D'abord, les préliminaires : plonger les crustacés, tête première, dans l'eau bouillante jusqu'à ce que leurs carapaces passent du bleu au rouge.

Ensuite, retirer la chair d'une blancheur virginale des pinces, des pattes et de la queue d'au moins deux homards. La déposer dans une casserole. Ajouter près de deux tasses de fumet de poisson, une demie de crème 35 %, une ou deux cuillérées de moutarde de Dijon, une pincée de noix de muscade, un doigt de cognac et un dé de paprika.

Laisser chauffer et tailler la carapace sur la longueur. Bourrer les deux moitiés avec la farce de homard et saupoudrer une couche généreuse de gruyère râpé sur le tout. Mettre au four et servir lorsque la croûte sera dorée à point.

– Un vrai snack ! dit Jacques.

Dans notre étuve sur roues, nous en étions au stade de la bouilloire. Surtout Janet qui avait attrapé un coup de soleil carabiné. Jacques bronzait, Jean cuivrait et je donnais dans le rouge du homard cuit comme notre Écossaise.

– C'est qui Thermidor ? me demande-t-elle.

Tout jeune, j'avais déjà ajouté « thermidor » et « brumaire » à mon vocabulaire. Le premier, pour Saint-

Just, et le second, pour Bonaparte. Comme l'a déjà dit Malraux, les « révolutions sont aussi révolutionnaires » et en rebaptisant tous les jours et tous les mois de l'année, le calendrier républicain de la Révolution française s'était réapproprié le cours du temps.

Ceux d'automne étaient mutés en vendémiaire pour vendanges, brumaire pour brume et brouillard, Frimaire pour frimas et froid. Ceux d'hiver : nivôse pour neige, pluviôse pour pluie, ventôse pour vent. Le printemps bourgeonnait avec germinal pour germination, floréal pour floraison et prairial pour récolte et prairies. L'été prêchait l'abondance avec messidor pour moisson, thermidor pour chaleur, fructidor pour cueillette et fruits.

Le responsable de ce délire écolo avant l'heure se nommait Fabre. Un nom qui m'était familier puisque c'était celui de la rue où j'étais né. Sauf qu'une cohabitation de Fabre d'Églantine et de Mgr Fabre, son titulaire désigné, aurait donné à l'évêque ultramontain de Montréal un teint de cardinal.

Le poète et auteur de *Il pleut, il pleut, bergère* avait également été chargé de remplacer tous les saints quotidiens du calendrier par des « signes intelligibles ou visibles pris dans l'agriculture et l'économie rurale ». Cela a donné un saladier révolutionnaire insensé d'être trop sensé et absolument réjouissant.

Ainsi, la journée patronnée par saint Maurice était devenue celle du raisin, saint François s'est changé en potiron, sainte Hedwige en belle de nuit, saint Jean Bosco en brocoli, sainte Perpétue en épinard, saint Michel Archange en tulipe, saint Louis de Gonzague en oignon, sainte Marie-Madeleine en ivraie, sainte Brigitte en citrouille, saint Ignace de Loyola en abricot et saint Joseph en sainfoin.

Fabre d'Églantine a eu le rare privilège d'être guillotiné le jour de la laitue, en germinal de l'an II, dans un calendrier poétique de sa propre création. Trois mois plus tard, en thermidor, Saint-Just et Robespierre mettaient le col sur la lunette, le jour de l'arrosoir. Guillotineurs guillotinés comme on dit arroseur arrosé. Après leur exécution, la Révolution au bonnet rouge avait vécu.

Avant de devenir l'archange de la Terreur, Saint-Just a écrit un poème « lubrique » en vingt chants de plusieurs milliers de vers, *Organt*, dont la préface laconique avait tout pour plaire à un jeune homme de mon âge : « J'ai vingt ans ; j'ai mal fait ; je pourrai faire mieux. »

Son poème qui illustre une descente aux Enfers anticipe sur l'infernale *Saison* de Rimbaud :

« Je veux pécher, moi, rien ne m'empêche. / Et que vous fait, ventrebleu que je pèche ? / Je veux rôtir avec ces gens fameux / Dignes peut-être, et plus que vous, des cieux. »

Il les a rejoints à l'âge de vingt-six ans.

Que n'aurions-nous pas donné pour un gueuleton de homard ? De temps à autre, Jacques lançait :

— On est dû, là !

Janet avait même accepté qu'on ébouillante la grosse bête pour la manger. Comme les chasseurs de Lewis Carroll, nous pourchassions le Snark « avec des fourchettes et de l'espoir », mais le homard de nos rêves demeurait introuvable et n'était jamais là où on l'attendait.

Chaque fois qu'on réclamait sa présence dans une assiette, on apprenait que dans le secteur où nous étions, la pêche aux homards était terminée depuis peu. Au prochain secteur, elle n'avait pas encore débuté. Au troisième, elle n'était autorisée que tous les deux ans. Au quatrième, les années bissextiles. Au cinquième, tous les casiers des pêcheurs avaient été dragués par des chalutiers. Et ça recommençait dans l'ordre et dans le désordre ! Trop tôt ! Trop tard ! Trop près ! Trop loin ! Trop froid ! Trop réglementé ! Trop peu !

Et pendant toute cette bourlingue byzantine dans un calendrier de saisons de pêche, le homard au fond de la mer s'en frottait les pinces. Alexandre Vialatte a élevé la question sur un plan théologique :

« Le homard demande à être plongé vivant dans l'eau bouillante, écrit-il. Il l'exige même, d'après les livres de cuisine. Car il aspire à la cuisson comme le chrétien désire le Ciel. C'est-à-dire le plus tard possible ! »

Force fut de convenir que le homard, comme le Snark, était sûrement un « Boujum », pour emprunter les mots de Lewis Carroll. Autrement dit un leurre.

J'ignorais alors que pour matérialiser l'animal dans un plat, le mot magique était enfoui dans ma mémoire. Nanking Café ! Il suffisait de trouver ce qu'on ne peut pas imaginer sans un aquarium de crustacés : *a chinese restaurant*. Encore fallait-il qu'il y ait une saison des Chinois.

Cachons ce boire
que nous ne saurions voir !

L'exhortation libertine du grand poète Omar Khayyam nous donnait des ailes. « Enivrez-vous, cœurs las de jeûnes et de retraites ! » Et par-delà le temps, Baudelaire faisait écho au Persan :
« Il faut toujours être ivre. Tout est là : c'est l'unique question. De vin, de poésie ou de vertu, à votre guise. Mais, enivrez-vous ! »

Comme l'esquif de Sindbad le marin qui court d'une île à l'autre, la valise sous le capot et le moteur en poupe, notre coquille de noix sur roues poursuivait inlassablement sa route.

Dis-moi ce que tu bois et ce que tu manges, je te dirai qui tu es ! Comme toutes les maximes, on peut la renverser. Dis-moi ce que tu ne bois pas et ce que tu ne manges pas, je te dirai ce en quoi tu crois ! Toutes les religions se caractérisent par leurs prescriptions morales, vestimentaires et alimentaires.

La juive est la plus exhaustive et pointilleuse sur les interdits de bouche. Pas de chameau, pas de cochon, pas de lapin! Pas d'oiseaux sauvages, non plus! Ou de proie! Ni de fruits de mer! Mais elle a un bec sucré pour le vin, cinquante grammes de sucre au litre. J'en sais quelque chose, j'ai été initié au vin Manischewitz dans mon enfance. Le goût était plus prononcé que celui du *cream soda* aux fraises des bouteilles torsadées de Wishing Well, mais ça coulait dans la gorge comme un velours et ça faisait plus d'effet qu'une cuillère à soupe de sirop Lambert.

La musulmane a conservé l'impureté du cochon et l'a étendue au dauphin, au requin et à l'anguille. Pour le vin, le Coran précise qu'il y a un diable caché dans chaque raisin de la vigne.

Lorsqu'on lui a posé la question des viandes impures, le Christ a répondu que l'homme ne pouvait pas être « souillé » par quoi que ce soit qu'il ingère. Quant au vin, il était mal placé pour le proscrire après les noces de Cana.

Saint Paul en a tiré la conclusion qui s'imposait : le christianisme devait rompre avec le judaïsme. Son futur fondateur avait un œil sur les marchés grecs et romains de la conversion. Pour en ouvrir la porte, l'abolition de l'interdiction de manger du porc et celle de la circoncision était un passage obligé.

La question fut l'objet d'un débat musclé entre les apôtres. Saint Pierre et saint Paul en sont venus aux poings. Une secte de boutique à Jérusalem ou une religion universelle ? Voilà l'enjeu ! Le point de vue *Think Big* de Paul a prévalu.

En retirant de son menu la classification des diverses impuretés alimentaires, le catholicisme semblait moins tatillon. Sauf qu'une religion qui mange son Dieu et boit Son sang se doit de contrôler la qualité de l'estomac de ses fidèles, l'épurer à tout le moins de temps à autre. Elle leur a donc imposé une abstinence de viande tous les vendredis. Et de faire carême une fois l'an pendant une période continue de quarante jours.

Au Québec, pour tous ceux qui ont vécu sous ce régime alimentaire – et de façon plus critique dans les réfectoires des collèges et des couvents –, ces interdits ont laissé un arrière-goût impérissable de poisson bouilli qui traduisait parfaitement la fadeur de nos vies.

Sous la gouverne autocratique de Maurice Duplessis, la manifestation ostensible du pouvoir était la distribution sélective des passe-droits qui accordaient à leurs bénéficiaires le privilège de contourner ou d'ignorer les lois. Tout en premier à ceux qui étaient chargés de les faire respecter.

Le fait de porter un badge de policier, par exemple, autorisait d'office son titulaire à brûler les feux rouges et à dépasser les limites de vitesse en tout temps. Même si l'urgence était celle d'un café bien chaud qui l'attendait dans tous les snack-bars de sa ronde. « Pour qu'y farment les yeux, y a rien de mieux que les nourrir à l'œil ! », enseignait la sagesse marchande.

Lorsque l'Église relève les zouaves pontificaux du Québec de l'obligation de faire maigre le vendredi, elle obéit à la même logique inversée du passe-droit. À titre de récompense pour leurs loyaux services à la papauté, elle leur donne la permission à vie de commettre en toute légitimité ce qui demeure une faute pour l'ensemble des fidèles.

Pourquoi cette dispense extraordinaire avait-elle été accordée aux zouaves ? On ne savait trop ! Quels exploits guerriers justifiaient ce haut privilège alimentaire ? L'explication de mon père était vestimentaire :

— Ça prenait au moins ça pour les convaincre de porter le costume !

Ma mère en avait contre le ridicule de leurs pantalons bouffants. Quand mes folleries l'exaspéraient, elle me sommait d'arrêter de « faire le zouave ». Sauf que le titre qu'elle m'octroyait ne me donnait pas le droit de mastiquer du steak le vendredi. Même si un arrière-grand-oncle paternel avait été exempté de manger du poisson. Il faisait partie de la première cohorte.

Le sourire entendu du paternel en disait long sur le souvenir incongru qu'avait laissé son grand-oncle.

— Y était né pour être zouave !

De fait, son nom, Germain Germain, le prédisposait déjà à une carrière de soldat d'opérette.

« Zouaves du pape à l'avant-garde / En avant marchons ! / Le pape nous regarde / En avant bataillon ! / Et quand il sera proche / Le moment de mourir / Sans peur et sans reproche / Les zouaves le verront venir. / Ran plan plan, ran plan plan / Et vive le Vatican ! »

Le premier quarteron de zouaves québécois avait dû presser le pas pour faire acte de présence à la bataille de Mentana qui a marqué la victoire des troupes pontificales sur les chemises rouges de Garibaldi en 1867. Lorsqu'on apprend au pays que deux recrues montréalaises y ont été légèrement touchées, l'enthousiasme du militarisme ecclésiastique éclate dans toute sa ferveur belliqueuse. Les deux éclopés sont immédiatement intronisés au panthéon des héros de la foi militante.

Dans leur foulée, près de quatre cents zouaves rallieront Rome, assiégée par les rouges, pour en découdre avec le libéralisme, réprouvé et condamné par Pie IX et son thuriféraire Mgr Laflèche. Confiné à des opérations inutiles de contrôle, leur bataillon ne verra jamais le feu.

Le seul adversaire irréductible que les zouaves du Québec ont eu à combattre sans relâche fut l'oisiveté. Et son compagnon de chambrée, l'ennui mortel. Leur aumônier a raconté la lutte épique qu'il a dû mener pour empêcher les moins dégourdis de trouver le chemin des bordels de la Ville éternelle et les plus délurés de s'y installer à demeure.

Je me plais à espérer que Germain Germain faisait partie des délurés et qu'il avait appris à pousser la canzonetta en grattant la mandoline. Un court moment « *O sole mio !* » avant d'endosser le froc de la profession de prédilection des Germain du temps : le notariat

Le retour des zouaves au Québec en 1870 fut triomphal malgré une capitulation humiliante aux mains des troupes italiennes, Leur premier geste fut de fonder une association d'anciens combattants — sans spécifier de quel front — dont la soldatesque vaudevillesque fut immédiatement populaire et durable.

Lors des parades de la Saint-Jean-Baptiste de mon enfance, on agitait encore le drapeau papal jaune et blanc pour saluer la défilade avec tambours et trompettes des zouaves pontificaux, lesquels comptaient dix fois plus de « vétérans » québécois à la fin des années cinquante qu'à l'origine.

Rien ne résume mieux le non-sens de ces années d'intoxication apostolique que ce défilé macaronique de non-héros, non-vétérans d'une non-guerre, qui n'étaient ni soldats, ni militaires, sans cause et sans pays.

J'ai connu un de ces drôles de pistolet. Je le croisais souvent tard la nuit, rue Papineau près de Sainte-Catherine. Nous attendions de concert le « Péril orange ». C'était un autobus essoufflé et mou de partout, de la suspension et du pneu, qui nous traînait tant bien que mal sur la Rive-Sud, en laissant courir derrière lui la marque de commerce de la Chambly Transport, une fine traînée de fumée noire.

Debout, dans le halo diffus d'une lampe suspendue à un poteau de téléphone, nous campions un couple improbable. Moi, avec les cheveux longs et la barbe de la bohème, et lui, en grande tenue de zouave. Le même uniforme gris que j'apercevais par la fenêtre du commerce familial, les soirs où il montait en ville pour assister à de mystérieuses réunions hebdomadaires.

À une heure du matin, il sortait visiblement d'une tournée des clubs et ça me semblait invraisemblable qu'il ait pu faire la bombe sans faire un pli à sa casaque. C'était un don Juan patenté, m'a-t-on raconté. Et sa femme était jalouse comme une tigresse.

Allez savoir! Je la connaissais de vue, comme cliente. Une rousse aux yeux verts, la bouche bien dessinée, avec un grain de beauté à la commissure des lèvres. Une jolie femme bien roulée et toute en jambes. Il se dégageait d'elle un je ne sais quoi de flamboyant dans l'allure et de félin dans le déhanchement. Bref, il fallait un drôle de zozo pour avoir le goût d'aller chercher ailleurs.

Son mari s'était enrôlé chez les zouaves pour la tromper, présumant avec raison qu'elle ne soupçonnerait jamais qu'il puisse courir la galipote avec un tel déguisement. Sauf que, sitôt débarqué en ville, il changeait d'habit pour aller aux femmes et n'endossait de nouveau son uniforme que pour reprendre l'autobus.

Dans la pénombre de l'arrêt, l'œil vaseux, la casquette dans un angle non réglementaire, il se tenait droit comme un piquet et son petit sourire autosuffisant célébrait sa duplicité. Si l'habit ne fait pas le moine, de toute évidence, il accommodait le zouave! Dans le civil, il dirigeait ironiquement le département des viandes dans un supermarché. Le protestantisme en général avait pris ses distances devant les restrictions alimentaires du catholicisme. Mais les réformés, invoquant leur liberté de conscience, se sont infligé un régime de table encore plus ascétique. Il leur interdisait en tout temps de prendre plaisir à manger. Tous les jours de la semaine protestante sont ainsi devenus des vendredis catholiques.

Comme l'esquif de Sindbad le marin qui court d'une île à l'autre, la valise sous le capot et le moteur en poupe, notre coquille de noix sur roues poursuivait inlassablement sa route.

Nous roulions depuis un moment dans une contrée où tous les gens qu'on rencontrait avaient l'air bête ou une gueule du lendemain de la veille. Pour Jean, ils semblaient tous relever d'une baloune de trois jours. Jacques optait pour une brosse d'une semaine. J'opinais pour une colonie d'ivrognes repentis encore plus déplaisants à jeun que bourrés.

Tout dans ce triste pays tournait autour du boire. Deux mots ont servi de révélateur. À la mention des « îles », la plupart des hommes demeuraient impassibles. Mais leurs yeux s'allumaient. Saint-Pierre-et-Miquelon évoquait l'époque de la prohibition et de la contrebande. Les nuits en haute mer à transborder des caisses de vin ou de whisky d'une goélette à un schooner. Le bon temps des bars clandestins et de l'argent qui coule à flot.

Le visage des femmes se fermait, leur regard durcissait, leur bouche s'entrouvrait, psalmodiant silencieusement le vieux slogan des féministes prohibitionnistes : « Des lèvres qui ont déjà trempé dans l'alcool ne toucheront jamais les miennes. »

Janet connaissait la rengaine :

— Ils ont tous le même air parce qu'ils se partagent les deux visages de la même ivresse : l'humide ou la sèche.

Cachons ce boire que nous ne saurions voir ! La prohibition, qui sévissait depuis le début du siècle, avait sombré dans la tourmente des années trente. Mais son esprit tordu avait survécu. N'ayant pu supprimer la tentation à la source, les abstinents se sont évertués à réduire les occasions d'y succomber. Puisque les vertueux méritaient leur ciel, il allait de soi que les délictueux gagnent leur paradis à la dure !

À l'époque, au Québec, la tentation du précieux liquide n'était pas exposée à la vue des clients. Avant de passer leurs commandes à un guichet comme dans un confessionnal ou une banque, les buveurs n'avaient accès qu'à une simple liste de produits affichée au mur. Le débit de boisson, toutefois, avait pignon sur rue.

Au pays des airs bêtes, la garde et la gestion du précieux liquide avaient été attribuées à l'armée, faute de pouvoir carrément la confier à la police. En l'occurrence à une association méritoire, celle des vétérans des deux guerres mondiales. On aurait pu objecter que de risquer sa vie pour la patrie ne rend pas *de facto* abstème. L'Armée du Salut n'aurait-elle pas été un choix plus approprié ? L'autorité morale n'était pas en cause. C'est le goût du commandement qu'on avait mobilisé et la propension militaire à mettre tout le monde au pas. Il était dans la nature des airs de « beu » d'abuser de leur autorité et ils en abusaient sans vergogne.

— Où peut-on trouver de la *booze* ?

Dans un boui-boui le long de la route, ou dans un stand à patates, une question aussi anodine provoquait d'étranges réactions. Un arrêt immédiat sur image à croire qu'on avait échappé un gros mot. Enchaîné sur un regard glacial, qui vous toisait de bas en haut, en tirant rapidement votre fiche anthropométrique de face et de profil. Impossible de connaître le verdict ! Un sourire vide dans un visage figé vous invitait à répéter la question. À votre tour d'être bouche bée.

La reprise embrayait à sec sur un interrogatoire serré de vos raisons, vos intentions, que sais-je, c'était loufoque ! Comme si le seul fait de fournir un renseignement les rendait complices de votre dépravation.

On a cru un moment qu'une fille obtiendrait un meilleur résultat. Pensez donc ! Une jeune femme qui cherche à boire le matin, ou en fin d'après-midi ! Elle aurait eu droit à un savon évangéliste. Sans oublier qu'elle était seule avec trois hommes. Quelle honte ! Une fille perdue !

— C'est mon rêve ! dit Janet, mais je préfère le réaliser au Québec.

J'ai enfin obtenu la précieuse information dans un magasin de souvenirs. Après avoir présenté ma requête à la dame aux cheveux gris qui trônait derrière le comptoir avec un air sévère, elle m'a demandé sur un ton sec :
— Pour quelle raison ? Pour boire ?
J'en ai eu marre. Notre petite voiture créait une sensation. Je lui ai répondu :
— Non ! C'est pour notre auto, elle fonctionne à l'alcool.
Son visage s'est fendu d'un large sourire.
— C'est ce que mon père disait à ma mère lorsqu'il partait pour la pêche avec un flasque de gin. Que c'était pour lancer le moteur de son bateau !
Avec ses yeux bleus et ses traits majestueux, elle avait une tête de figure de proue.
— Et votre mère le croyait ?
Elle a secoué légèrement la tête.
— Non ! Ça faisait partie du Grand Mensonge de le laisser croire qu'elle le croyait et qu'il sache très bien qu'elle ne le croyait pas.
Étrange pays où l'hypocrisie était tantôt mensonge et tantôt parole d'Évangile. Ici, le buveur n'était pas le tentateur, mais l'abstinent qui, pour éprouver sa propre vertu, tentait de le tenter.
La dame aux souvenirs m'a appris que pour obtenir l'information que je cherchais, il suffisait de poser la bonne question.
— Où est le *Legion Hall* ?
Lorsque j'ai cherché à savoir où trouver le plus proche, elle m'a souhaité bonne chasse.
— Le jeu est de trouver où ils l'ont caché.

« Ils » étaient les responsables de la grande opération de camouflage militaire des débits de boisson sur tout le territoire des airs bêtes. Munis du mot de passe, nous nous sommes engagés dans la poursuite du Petit Boire, tout en menant en parallèle notre quête du homard insaisissable.

Poser la bonne question a généré une pléthore d'indications et de suggestions pour trouver l'emplacement des différents *Legion Hall*. Ils avaient été sciemment éparpillés dans des endroits inaccessibles, des lieux retirés, à l'écart de la civilisation et des regards indiscrets, comme les anciens alambics de la prohibition.

Chaque proposition d'itinéraire était un faisceau d'indices, comme dans une chasse au trésor ou un rallye : rouler franchement jusqu'au troisième embranchement, tourner à gauche jusqu'à la deuxième fourche et garder solidement la droite jusqu'à la grange brûlée – en espérant qu'elle n'ait pas été reconstruite –, la dépasser lentement jusqu'en bas de la côte à pic et virer rapidement à droite avant la courbe, filer sans hésitation jusqu'à la Grosse Roche grise, et surtout ne pas tourner à droite sur la route qui mène à un habitant violemment hostile à l'existence du *Legion Hall*, lequel est situé tout à fait à l'opposé, à gauche, au bout, non pas de la piste asphaltée, mais du chemin de terre.

Par réflexe professionnel, les vétérans avaient aligné le parcours du buveur sur celui du combattant et établi les horaires d'ouverture et de fermeture des *Legion Hall* selon leur bon plaisir. Quatre heures par jour. Le matin ou l'après-midi. Dans quel ordre ? Lequel était lequel et lequel jour ? Pas moyen de s'y retrouver sans se cogner le nez sur une porte fermée une fois sur deux. De plus, chaque établissement décrétait son propre horaire. Se procurer le moindre petit boire était tellement frustrant et éprouvant qu'une fois la bouteille du précieux liquide à la main, il ne restait plus qu'une envie urgente : boire au goulot et caler le quarante onces dans l'heure qui suit par pure rage de boire.

Les pommettes rouges et la tronche « plastrée », les airs bêtes étaient tous enivrés, du soir au matin, d'abstinence ou d'alcool, de boire ou de non-boire, mais saouls, sans plaisir et sans bonheur, comme des pasteurs en rémission ou en rechute.

C'est Janet qui a eu le dernier mot.

— Tout le pays est un gros mal de Bible, de bloc et de *booze* !

La revanche de l'huître sur le homard

Les paysages sont notoirement absents de l'œuvre de Paul Klee. Lorsqu'on lui a posé la question : « Aimez-vous la nature ? », le peintre a répondu : « La mienne, sans doute ! » Un mot que Jean Bertrand citait souvent, en le complétant par l'article premier du credo moderniste du maître allemand : « L'art ne reproduit pas le visible, il rend visible. »

Bien calé dans son siège comme un chauffeur de voiture sport, Bertrand s'adonnait à son péché mignon : enseigner. À l'arrière, Janet somnolait et Jacques rêvait à New York et à la Cedar Tavern où il espérait rencontrer les maîtres de l'heure, de Kooning, Rothko et Kline.

A l'avant, nous étions plongés dans une discussion sur la qualité de la lumière, un sujet de prédilection des peintres.

– La nature dit tout, en n'exprimant rien ! me lance Bertrand pour appâter le sujet. Prends le rocher Percé. Tant qu'il n'aura pas trouvé sa lumière, comme la neige avec Lemieux, on ne le verra pas. Une carte postale sépia ! Une anecdote géographique ! En Angleterre, c'est Turner qui a inventé les nuages et le brouillard.

Je me suis permis de différer d'opinion.

— À mon avis, c'est Conan Doyle ! Le smog existait avant lui, mais c'est avec Sherlock Holmes que le brouillard s'est imposé comme un personnage autonome dans la vie des Londoniens. La peinture souffrait mal d'être reléguée au second rang.

— Peut-être pour ceux qui ont des yeux pour lire, mais pour ceux qui ont des yeux pour voir, le brouillard, c'est Turner ! C'est sûr qu'il est moins connu pour ses écrits. Sauf un commentaire lapidaire : "Mon métier est de peindre ce que je vois et non ce que j'ai appris." Les brouillards tamisés et les nuages agités de ses paysages maritimes, il les a peints comme il les a vus, à la fougue du pinceau. C'est plus, c'est moins, c'est lyrique, c'est abstrait, mais le ciel vit. Et le chaos atmosphérique d'en haut, qui baigne dans une lumière déjà impressionniste, se reflète en bas sur une mer d'huile qui lui offre un miroir. C'est la fusion qu'on ressent sur une plage lorsque le ciel s'embrouille et que la mer fait la morte. L'orage est le paysage !

Avec des lunettes soleil et la cigarette au bec, dans le cadre de la vitre de la portière, l'œil fixé sur la route, son profil de Gauguin se découpait dans une lumière vive à la Matisse.

— Pour un peintre, en face du motif, tout est ombre et lumière. Mondrian a poussé l'expérience à la limite en réduisant un paysage à des lignes, puis à des signes "plus" et des signes "moins" qu'il a peints directement sur la toile pour se libérer du sujet narratif et passer à l'abstraction pure. Restait à libérer la couleur.

Je savais, pour l'avoir déjà entendu, que tout dans l'art classique de la perspective, la lumière, l'ombre et le dessin, servait à faire fuir le tableau en profondeur. Ce qui lui imposait d'avoir le cadre tourné vers le regard du spectateur comme la scène dans un théâtre à l'italienne, où l'on s'attend forcément à voir une représentation.

Pour Bertrand, les « tableaux vivants » étaient à leur place aux Folies Bergères ou au Musée de cire.

— On a oublié qu'avant d'être une production opératique où le chœur des teintes et des ombres chante sur le même air, en prenant leur tonalité sur le même point de lumière, le tableau demeure, d'abord et avant tout, une surface plane, recouverte de couleurs, disposées dans un certain ordre. Pour que la surface s'anime, il faut cesser d'orienter la lumière et libérer celle de chacune des couleurs sur la toile.

De mon côté, avec le soleil en pleine poire qui m'éblouissait, j'avais l'impression d'être dans un champ de blé de Van Gogh et, en fermant les yeux, la persistance rétinienne d'une tache solaire qui tournait au kaléidoscope ressemblait de plus en plus à celle dont parlait Jean.

— La première tache de couleur qu'on jette sur une toile est le point de départ, et à mesure qu'on la décline, dans tous ses possibles, en accord, en désaccord ou en dissonance, elle peint la toile, et le tableau se crée sans référence avec la nature, sinon celle du peintre.

La peinture moderne avait mis irrémédiablement le cap sur l'exploration d'un voyage intérieur. Ce qui n'était pas sans soulever le problème du retard historique du Québec.

— Qui peut dire si s'embarquer dans cette projection libérante n'est pas finalement une fuite ? On s'achète un billet pour l'ailleurs, sans avoir pris le temps de s'inventer un ici. À Percé, les peintres passent, mais, sans un Cézanne pour enfin la voir, la Roche s'effritera dans le vent et la mémoire.

Comme l'esquif de Pantagruel qui court d'une île à l'autre, la valise sous le capot et le moteur en poupe, notre coquille de noix sur roues poursuivait inlassablement sa route.

Faute de homards, nous nous sommes rabattus sur les coques qui étaient en saison. J'ai alors appris que la valeur d'un mangeur de mollusques s'établissait à la quantité. On compte ici par douzaines et non par unité. On parle de manger comme des safres et de boire comme des baleines.

Au Moyen Âge, l'imagerie des cathédrales, des bas-reliefs aux gargouilles, en passant par les frises et parfois les accoudoirs des bancs du chœur, regorgeait de scènes explicites illustrant l'arsenal des tentations dont dispose le Diable. En confrontant les fidèles aux excès du vice, le but recherché était de les pousser sur le chemin de la vertu par l'attirance des contraires.

L'iconographie bondieusarde de la Contre-Réforme a tablé sur une vénération béate de la vertu pour résister aux tentations. À sa pléthore d'images saintes sulpiciennes dont les auréolés en pâmoison semblaient tous léviter, les yeux au ciel, la réponse du contraire fut une célébration tout aussi crédule du Mal par des pratiques sataniques et des messes noires. Trop de vertu pousse même le Diable à exagérer.

Le puritanisme de la Réforme faisait plus que s'interdire tout plaisir, il ne pouvait souffrir que les autres en aient. Au pays des airs bêtes, nous étions doublement les autres et nous ressentions impérativement le besoin de festoyer en grand, n'était-ce que pour se rappeler, comme ma mère disait, sans savoir qu'elle citait Rabelais, que « l'appétit vient en mangeant et que la soif s'en va en buvant ».

Nous avions enfin déniché un *Legion Hall*, grâce au sens de l'orientation de Jacques. Confronté en chemin à une fourche inconnue au bataillon, il avait statué :

— C'est à droite ! Je le sens !

Et il ne s'était pas trompé. L'édifice se fondait dans le paysage. Il ressemblait à tout sauf à ce qu'il était. La seule partie à laquelle nous avons eu accès se résumait à une sorte de vestibule et à un comptoir. Seule une moustache en brosse poivre et sel trahissait l'affiliation militaire du commis.

Son accueil sec et abrupt l'a confirmé.

— Ça prend un permis pour passer une commande !

Nous avons craint un instant que ce fût une obligation individuelle. Irait-on jusqu'à exiger un certificat de bonne conduite ou un billet de confession pour prendre un coup ? Heureusement, non. Mais la suite n'était guère moins biscornue.

— C'est une autorisation à transporter l'alcool jusqu'à son lieu de consommation !

Dans mon souvenir, elle n'était valable que quelques heures.

Bertrand en a rajouté un peu en demandant s'il y avait également une limite de temps pour l'imbibition des alcools. L'homme a interrompu ses écritures en relevant lentement la tête et retrouvé sa voix rogue de sergent-major pour préciser sa requête, en détachant chaque mot.

— Tout ce dont j'ai besoin, c'est de savoir où.

Pris au dépourvu, Jean a eu la présence d'esprit de lui donner le nom d'un camping que nous avions croisé plus tôt.

Le moustachu bourru a acquiescé, il connaissait l'endroit.

— N'oubliez pas que vous devez consommer l'alcool... là !

Et il a pointé le nom du camping, inscrit sur le permis, en tamponnant le comptoir de son index.

— Et après l'heure d'expiration dudit permis, la *booze* devra rester... là !

La menace intimidante de son doigt nous avait épargné le tracas de choisir le lieu de notre festin.

De retour dans la voiture, Janet nous a reçus avec un sourire du type « Bienvenue au reste du Canada ! ». La loi était plus ou moins la même en Ontario. Elle racontait que, dans la banlieue autour de Hamilton, si un premier voisin invitait un deuxième voisin à un party sur la pelouse de sa cour arrière et qu'au milieu de la soirée, le deuxième voisin courait chez lui pour pallier un manque de munitions alcooliques du premier, il fallait se méfier du troisième voisin, surtout s'il n'avait pas été invité, parce qu'il risquait fort d'appeler la police pour signaler un transport illégal de boissons alcoolisées.

Ce qui m'a rappelé que Pierre Maheu s'était retrouvé en cellule à Alfred pour avoir débouché une bouteille de vin sur une table de pique-nique dans un parc. Comme il n'avait pas l'argent pour régler l'amende, il avait passé la fin de semaine au frais. Le chef de police de la petite ville ontarienne en avait assez des Québécois qui riaient de lui lorsqu'il leur collait la contravention et qui refusaient d'acquitter l'amende, une fois de retour au Québec. Il avait donc pris les grands moyens : incarcérer les contrevenants jusqu'à ce qu'ils aient trouvé un répondant. Il avait confié à Pierre que ça lui avait donné l'occasion de rencontrer beaucoup de pères en colère... contre le règlement ! Ce fut bien la seule fois où Pierre avait été en accord avec le sien.

Le camping où nous avions abouti n'était sûrement pas fréquenté pour sa vue du fleuve. En mettant le pied sur la plage, la question de se baigner ne se posait plus. La mer avait toutes les qualités d'un dépotoir, dont les vagues retournaient les détritus avec la régularité d'une sécheuse.

Le propriétaire était à l'avenant. Il parlait d'un seul coin de la bouche et tout en virant constamment la tête à droite et à gauche, son regard s'arrêtait à l'occasion sur le visage de son interlocuteur. Un réflexe de contrebandier ? Jean n'avait pas tout à fait tort. Coiffé d'un chapeau *pork pie* noir, le visage émacié, efflanqué et tout dégingandé, l'homme n'inspirait pas confiance. Sauf qu'il serait sûrement très accommodant si on manquait de *booze*.

Nous avions récolté en chemin une provision gargantuesque de coques. Un gallon de vin, frère jumeau du blanc des peintres, le Québérac, dont le goût shallacqué avait permis à Jean-Paul Bernier de statuer que « Montréal était le seul endroit au monde où on buvait du vernis à un vernissage » ! De la bière en quantité. Du beurre et du pain. Un immense chaudron pour laisser tremper les coques et amplement de temps pour bien se réchauffer avant de s'attaquer au principal.

Lorsque la noirceur est tombée, nous étions marinés à point et les coques s'ouvraient gaiement en cuisant dans leur jus. La faim est la meilleure sauce du monde et nous étions affamés et assoiffés d'excès, d'abus, de démesure. La seule règle à respecter était de s'assurer d'avoir retiré le petit nerf qui rattache le mollusque à la coquille et de ne pas le manger.

Pour le reste, c'était au hasard, Balthazar ! À la fortune du pot ! Avec une coquille pour détacher le mollusque ! Les doigts dégoulinants de sauce et de beurre ! Une lampée de vin ! Une gorgée de bière ! Gober, bouffer, bâfrer ! L'euphorie primitive de s'empiffrer et d'écluser ! Le plaisir supérieur de l'intempérance ! On parlait cru ! On riait fort ! Et hop, une autre coque ! Une autre rasade de vin ! Le ravissement impudent de l'ivresse.

On se tombait dans les bras ! On était heureux de se dire qu'on était heureux ! Et hop, deux autres coques ! Un toast à la petite patte ! Et une goulée de blonde parce qu'il n'y avait plus de blanc ! Un toast au gallon vide ! Une trempée de pain dans le beurre et dans la sauce ! Un cul sec au patron pour sa *booze* ! On se déplaçait de plus en plus rapidement au ralenti ou de plus en plus lentement en accéléré.

Dans un souper arrosé qui se transforme en une beuverie jubilatoire, il y a toujours un moment stroboscopique où les gens apparaissent et disparaissent en gros plan. On ne sait plus trop si c'est la vie qui copie les montages cinématographiques ou le cinéma qui calque la réalité. Les expressions et les gestes se chevauchent, ou s'arrêtent en plein mouvement, ou se désarticulent en se détachant les uns des autres.

Un enchaînement d'images saccadées, parfois brouillées, parfois superposées, qui virevoltaient autour du feu et de la table. Janet sentait la moule. Son odeur qui s'approche et s'éloigne, son visage enflammé qui s'approche et s'éloigne, qui s'approche et passe au noir. Blackout.

Je me suis réveillé au milieu de la nuit avec une douleur foudroyante à l'abdomen et l'envie de vomir. Je me suis éloigné de la tente pour me rendre aux toilettes. La tempête qui faisait rage dans mon ventre n'a pas attendu. Elle s'est subitement transformée en tornade pour faire irruption dans ma bouche comme un souffle de baleine.

Et pendant une vingtaine de minutes, par poussées successives, j'ai expiré l'eau salée du fleuve, du golfe et d'une partie de l'Atlantique jusqu'au Gulf Stream. J'étais déshydraté comme une mer desséchée. C'est ce que j'aurais aimé croire. Sauf qu'une fois l'estomac vidangé, mon chemin de croix ne faisait que commencer. La machine vomitive était programmée pour un ratissage plus complet de la mer et de la côte.

Toutes les quinze minutes, les contractions halaient leurs prises. Des algues ! Inutile de retourner sous la tente pour m'étendre. Du bois pourri ! Mieux vaut marcher sur la rive. Une gelée merdique ! Je me laisse glisser contre un arbre. Un flotteur de pêche ! Je me relève pour faire des longueurs. Des oursins, calvaire ! Je m'effoire dans une chaise de plage. Du fioul ! J'avais l'impression d'avoir touché le fond.

À tort ! Une mine oubliée dans mon estomac explose en une charpie de coques ! Une giclée qui provoque immédiatement un jet de sable qui m'empâte la gorge et le palais. Le creusement des berges prend la suite des remontées de mer. Une couche de sable mouillé, semé de fragments de coquillage, m'épaissit la langue comme une râpe.

Le plus insupportable dans l'attente était l'appréhension de la douleur, la crainte que la contraction resurgisse, l'impatience qu'elle arrive, le soulagement qu'elle soit passée et le sentiment d'impuissance devant une répétition mécanique impitoyable et déréglée.

Je bois de l'eau. Je grelotte dans la fraîcheur de la nuit. Je m'assois sur une balançoire et en me balancinant doucement, je somnole. J'avais maintenant l'impression d'avoir une coulée de ciment dans la gorge, barattée par la cuve rotative d'un camion-malaxeur.

Depuis longtemps, mon père voulait bétonner l'espace de stationnement devant son commerce. Il avait fait part de ses plans aux différents chauffeurs de camion-bétonnière qui s'arrêtaient pour prendre un Coke ou un Mae West.

Le coulage de solage n'étant pas une science exacte, ils avaient souvent une verge ou deux de ciment en trop dans la cuve avant de retourner à la cimenterie. Quoi de plus simple que d'en faire profiter notre terrain ! Le ciment était perdu de toute façon et ça mettait quelques dollars dans la poche du chauffeur.

Les camions se pointaient ainsi à n'importe quel moment et sitôt coulé, le ciment devait être traité. J'ai passé des matinées et des après-midi à remuer du béton qui durcit. Je me rappelle du grincement de la truelle lorsque je la plantais dans le ciment en forçant le passage de la pointe, du bruit de succion en la retirant et de son raclage, quand la surface à lisser avait la même teneur rocheuse et granuleuse que ma bouche. Depuis un moment déjà, les contractions n'étaient plus qu'un souvenir récurrent qui s'estompait.

J'ai ouvert les yeux. J'étais penché à regarder mes pieds et, en apercevant mes orteils illuminés par la première lumière du matin, j'ai connu une sorte d'épiphanie. J'étais passé subitement dans un court récit inclassable de Don Marquis. Une histoire invraisemblable.

L'humoriste américain avait imaginé un combat mythique où le sort de l'évolution de l'homme s'était décidé par une lutte sans merci entre un hominien arboricole et une huître géante qui cherchait à l'entraîner par un pied dans la mer.

D'un côté, la future humanité était massée sur la plage. Et de l'autre, les huîtres occupaient la ligne d'horizon, en surfant sur les vagues. Le spectacle était enlevant comme une empoignade de lutteurs ou un échange rapide de prises de judo.

L'arboricole était encouragé par les «Oh!» et les «Ah!» de ses partisans. L'huître, par un son modulé à faire éclater les tympans. À cette époque, les huîtres communiquaient entre elles comme les dauphins et les baleines. On a même avancé que le don de la parole avait été l'enjeu réel de cet affrontement.

Plus l'hominien perdait du terrain, plus la bataille devenait aquatique. Le silence terrible des huîtres annonçait leur victoire. Sur la plage, une hominienne – doit-on dire une féminienne? – s'apprêtait à devenir la première gérante d'estrade de tous les temps. Elle se mit à hurler:

— Roule en boule ! Roule en boule !

Un cri repris en chœur par la future humanité :

— Roule en boule ! Roule en boule !

L'hominien comprit enfin qu'il devait saisir son pied et rouler avec l'huître géante jusqu'à la plage où il pourrait lui fracasser la coquille avec une pierre. Sur la ligne d'horizon, on entendit distinctement un « Oh ! » suivi d'un « Ah ! », les deux seuls mots jamais prononcés par les huîtres avant de retourner au silence des fonds marins.

C'est en souvenir de cette victoire qui a assuré la primauté de l'humanité dans l'Univers, concluait Don Marquis, que l'homme porte des écailles aux doigts de pied et non des griffes.

J'ai compris en un éclair en regardant mes orteils que la source de son inspiration n'était pas la fameuse rencontre fortuite « d'une machine à coudre et d'un parapluie sur une table de dissection », chère à Lautréamont et aux surréalistes. L'auteur avait été victime d'un empoisonnement alimentaire aux moules. La revanche de l'huître !

J'avais trouvé Don Marquis sur une table dans une librairie d'occasion, le meilleur endroit pour rencontrer des écrivains célèbres vingt ou trente ans auparavant.

Marquis avait été journaliste et auteur d'une chronique satirique prisée en son temps, dont les personnages étaient une coquerelle nommée Archie, un poète qui écrivait en vers libres, et sa confidente, Mehitabel, une chatte de gouttière. Comme bon nombre de journalistes que j'ai connus, il rêvait d'écrire pour de vrai. Ce qu'il faisait dans ses temps libres.

Par bravade et sans doute pour montrer qu'il ne se prenait pas pour un écrivain – parce que les journalistes n'aiment pas qu'on leur rappelle qu'ils ne sont que des journalistes –, il classait ses manuscrits sérieux dans sa corbeille à papier.

Et ce qui risquait de se produire s'est produit ! Un nouveau concierge, qui n'était pas formé pour faire la différence entre des feuilles recouvertes de caractères et un chef-d'œuvre, a tout foutu à la benne. L'humoriste a survécu, l'écrivain ne s'en est jamais remis.

Comme l'esquif de Pantagruel qui court d'une île à l'autre, la valise sous le capot et le moteur en poupe, notre coquille de noix sur roues poursuivait inlassablement sa route.

Rien n'est plus réel que la maladie, courte ou longue. Qu'aurait été Proust sans son asthme ? Joyce sans sa cécité ? Tchékhov, Camus, Éluard, Jarry, Kafka, Maupassant et Stevenson sans leur tuberculose ? Thoreau, qui en avait souffert, en avait conclu que « les poètes écrivent toujours l'histoire de leurs propres corps ».

Assis à son chevalet, Cézanne faisait de même en cherchant à peindre la vision de ce qu'il voyait, à peindre son regard, en somme. « Le monde est réel, grommelait-il, il n'est pas réaliste. » Si on mentionnait devant lui le nom de Monet, il laissait tomber sur un ton assassin : « Ce n'est qu'un œil ! » Pour dire, il peint sans se peindre.

La démarche de John Max s'apparentait à celle de Cézanne. Lorsqu'il tirait les épreuves de ses clichés, les gens, comme les lieux, n'étaient jamais ceux que mon œil avait photographiés en même temps que lui. Tous s'incorporaient dans sa vision du monde. Plus elle s'affinait, plus les personnes devenaient abstraites, comme les portraits de Cézanne. Finalement, lorsqu'un cliché traduisait trop la personnalité d'un sujet, il ne dépassait jamais le stade de la planche-contact.

Janet avait été la première à sortir de la tente, ce matin-là. Avant même que je la salue, elle m'avait abordé avec une question :

— Est-ce que tu rêves ?

J'aurais plutôt qualifié ma nuit de cauchemar éveillé. Elle n'a rien entendu. Elle me semblait encore à moitié endormie.

— J'ai fait un rêve étrange. Je visitais une ville. Je déambulais dans les rues, sur les places, j'ai même vu les fresques de Diego Rivera et d'Orozco. J'étais à Mexico. Et tout le monde me souriait et me connaissait. J'ai même visité chacune des pièces d'une maison particulière, avec une terrasse.

Elle s'est arrêtée et j'ai eu l'impression qu'elle découvrait ma présence.

— Jean-Claude, je ne suis jamais allée à Mexico. J'ai déjà vu des reproductions de Rivera et d'Orozco, mais je ne me rappelle pas avoir vu un film sur le Mexique. J'ai déjà lu un roman de Graham Greene, mais j'en ai plus appris sur les prêtres catholiques alcooliques que sur le Mexique. Et l'action ne se passait pas à Mexico ! C'est *weird* !

Lorsqu'elle m'a demandé si j'avais bien dormi, je lui ai répondu que si je lui racontais que j'avais passé ma nuit à vider l'océan et à creuser dans le sable, elle ne me croirait pas. Elle l'a confirmé d'un large non de la tête en riant.

Une dizaine d'années plus tard, j'ai appris qu'elle était déménagée à Mexico après un mariage mal assorti. On s'était perdu de vue. Je n'ai jamais su si elle y habitait l'appartement avec une terrasse qu'elle avait visité dans son rêve.

Comme l'esquif de Gulliver
qui court d'une île à l'autre

Si la lumière de ce monde a changé et changera encore de forme jusqu'à la nuit des temps, l'eau – immuable – est toujours là pour nous conter l'histoire du monde. Il va de soi que Melville n'avait pas lu Malcolm de Chazal, mais il partageait la même vision sur la force attractive de l'eau et aimait dire que si les jambes du plus lunatique des hommes, égaré dans ses plus profondes rêveries, s'avisaient de marcher toutes seules, elles le conduiraient invariablement jusqu'à un plan d'eau et idéalement jusqu'à la mer.

Nous aurions pu en témoigner. Nous étions maintenant sur un traversier qui nous ramenait à la terre de Sienne brûlée, après un court séjour sur l'île des Terres rouges. Ce n'était pas une hyperbole touristique. Elles étaient vraiment ocre rouge, dans toutes les variations de la palette.

La couleur rouge symbolise tout autant l'ardeur de la passion que la magnificence du pouvoir, le luxe que la luxure, le feu de l'enfer que l'amour divin. Tous les mouvements révolutionnaires et ouvriers l'ont brandi dans toutes leurs luttes pour défendre la liberté, l'égalité et la fraternité.

Sauf sur cette île singulière, où l'omniprésence du rouge, habituellement peu présent dans la nature, avait plutôt éteint celle de ses habitants. Avec leurs pelouses et leurs champs brossés et peignés avec la raie sur le côté, pour citer Janet, et leurs bosquets plantés comme des groupes de choristes de l'Armée du Salut, toutes les maisons, généralement d'une blancheur immaculée, semblaient s'inspirer du même modèle « gothique américain », publicisé à l'époque par les vignettes qui ornaient les gallons de peinture.

Facile alors de mieux comprendre la révolte rouge vif du poète Milton Acorn que j'ai connu à Montréal. Il était originaire de la capitale de l'île.

Comme l'esquif de Gulliver qui court d'une île à l'autre, la valise sous le capot et le moteur en poupe, notre coquille de noix sur roues poursuivait inlassablement sa route.

La veille, la lumière rayonnante d'une fin de journée avivait le sable rouge d'une plage magnifique et déserte qui s'étendait devant nos yeux. Jacques et moi avions hérité de la fonction de jauger la température de l'eau.

Le rituel était toujours le même. Entrer dans la mer sans se presser, en s'assurant où l'on mettait le pied, dans un mouvement continu. L'enjeu sous-jacent était d'établir lequel des deux résisterait au froid le plus longtemps.

Les vagues à la hauteur du maillot étaient le point de non-retour. La progression du froid, qui nous montait aux jambes, nous avait donné un avant-goût de ce qui nous attendait. Ce jour-là, avec le soleil qui nous chauffait la couenne, un vent chaud, le sable qui rôtissait au soleil, la mer qui miroitait en distribuant des clins d'œil, nous pouvions entretenir l'illusion que les conditions idéales étaient enfin réunies.

Sans nous consulter comme d'habitude, nous avons plongé en même temps. L'effet fut saisissant à couper le souffle. Le même, sans doute, que si l'on avait sauté, flambant nus, dans un banc de neige. Du moins, on l'imagine ainsi en passant en deux ou trois secondes de l'été à l'hiver.

La première réaction est de s'ébrouer comme un démon pour se réchauffer. On suppose que c'est ce qu'on ferait dans la neige parce que c'est ce qu'on fait dans la mer en gigotant résolument. Quelques longueurs de brasse de grenouille. Deux ou trois plongeons de marsouins pour la galerie, une remontée à la surface d'homme-canon et les dernières travées à la course.

Qui avait tenu le plus longtemps ? On grelottait trop pour s'en préoccuper. Nous sommes sortis de l'eau avec un synchronisme digne d'un duo de nageuses olympiques. L'honneur était sauf. La baignade pour une autre plage. Décidément, la mer nous battait froid.

Et l'île de même. Une réclame placardée dans les vitrines, surtout dans la capitale, invitait les visiteurs à célébrer le culte du homard. En Grèce antique, on lui aurait élevé un temple et après avoir développé les vertus prophétiques de la bête à pinces, toute l'île serait devenue un sanctuaire oraculaire très fréquenté.

En parallèle, les gens de mer auraient créé des combats de homards, lesquels auraient attiré tous les parieurs de la côte Atlantique. L'île des Terres rouges serait devenue le Red Light du golfe.

Ne rêvons pas ! Les insulaires s'étaient contentés d'accorder le plus ardent des rouges à l'effigie du homard. Rouge de colère ou cuit à point ? Pour nous en assurer, nous avons visité le port de la capitale. Tous les bateaux de la flotte des homardiers étaient à quai. Tous prêts à appareiller pour la pêche avec les ponts remplis de casiers à homard. Désespérément vides ! Le début de la saison avait été reporté une semaine plus tard. Pour nous narguer, nul doute !

Comme l'esquif de Gulliver qui court d'une île à l'autre, la valise sous le capot et le moteur en poupe, notre coquille de noix sur roues poursuivait inlassablement sa route.

Adossés au garde-fou de la plage arrière du traversier qui s'éloignait de l'île des Terres rouges, nous observions un attroupement dépareillé. Un géant entouré d'une douzaine de personnes qui buvaient littéralement ses paroles. Comme tous devaient lever la tête pour le regarder, on avait vraiment l'impression que c'était Dieu qui parlait à ses créatures. Ce qui était le cas. Le géant se nommait Donald Gordon. Il était président du CNR et sa cour était formée de ses subalternes régionaux.

Au début des années cinquante, le chantier de construction du nouvel hôtel montréalais du Canadien National, rue Dorchester, était situé à quelques pas du collège Sainte-Marie que je fréquentais. Nous étions donc au cœur des manifestations qui ont suivi la décision controversée de Donald Gordon d'affubler l'hôtel du nom de Queen Elizabeth.

En faisant fi d'une pétition de 200 000 signatures, appuyée par 500 conseils municipaux et d'une campagne menée tambour battant par le maire Jean Drapeau, première mouture, qui exigeait un changement du nom offensant pour celui de Château Maisonneuve, en hommage au fondateur de Montréal, Donald Gordon était devenu pour nous l'incarnation de l'arrogance coloniale.

En réaction à tout ce branle-bas, Sa Majesté ferroviaire avait daigné lâcher un peu de lest, en ajoutant à la désignation officielle de l'hôtel un trait-unioné « – Reine Élisabeth ».

Donald Gordon, semblait-il, aimait discourir en marchant d'un bon pas qui obligeait les bas sur pattes qui le suivaient à doubler la cadence. Une opération périlleuse quand il faut lever les yeux, opiner du bonnet et sourire en même temps sans se barrer les pieds.

En nous dirigeant vers la plage avant, nous avions croisé la cohorte qui en revenait. « Un Highlander au milieu d'une basse-cour de Lowlanders! », avait été le commentaire informé de Janet qui était Écossaise.

Que venait faire le tsar des chemins de fer dans cette galère? La réponse d'un féru d'histoire aurait pu être qu'il revenait aux sources. On aime croire que la Confédération canadienne a été conçue sur l'île des Terres rouges. Ce n'est pas faux. Mais on a oublié que c'était un mariage arrangé par le Donald Gordon du temps.

En 1864, le président du Grand Trunk Railways, James Ferrier, se fend d'une déclaration intéressée, qui est également un constat indéniable :

— Il ne manque plus que le chemin de fer intercolonial pour faire de toutes les provinces anglaises un seul peuple!

Les colonies maritimes, qui en seront les premières bénéficiaires, organisent rapidement une conférence à Charlottetown pour en saisir l'opportunité. Le Haut et le Bas-Canada s'invitent à la réunion qui se tient en septembre.

Le quatuor du Québec, Cartier, Galt, Langevin et D'Arcy McGee, s'est muni du nécessaire et de l'indispensable. Le champagne fait des merveilles pour rompre la glace lors d'une suite de banquets bien arrosés et délier la langue des délégués. Cartier pousse la chanson « Alouette, je te plumerai la tête ! », en susurrant à chacun le refrain de son employeur, le Grand Tronc : « Ô dites-moi ! Comment peut-on refuser d'être absorbé par de nouveaux marchés ? »

Certains s'amusent à publier les bans du mariage des futures provinces. Un autre, avec la gueule givrée d'un pasteur en goguette, somme tous ceux qui veulent formuler des objections au *conjungo* de le faire sur l'heure ou de se taire à jamais ! Dans l'euphorie du champagne et l'effervescence matrimoniale, un des délégués pousse l'enthousiasme confédératif jusqu'à proclamer les provinces « mari et femme ». On ignore s'il a également utilisé la conclusion consacrée « jusqu'à ce que la mort les sépare ».

Le lendemain matin, Galt est accueilli triomphalement lorsqu'il propose que le futur gouvernement central fournisse la dot en assumant la dette des cinq provinces. Sans plus, on se donne rendez-vous un mois plus tard, à Québec, pour établir les conditions du contrat de mariage. Le repas de fiançailles des provinces s'était rapidement transformé en un enterrement de vie de garçon des colonies.

Le Grand Tronc ne perd pas le contrôle de l'opération. Ferrier s'empresse d'offrir à tous les délégués des Maritimes, ainsi qu'à leur famille, le passage gratuit sur toutes les lignes et d'étendre cette attention pour qu'ils puissent visiter à leur gré le reste du futur Canada, en plus de se rendre à Québec pour la conférence.

L'homme du chemin de fer est convaincu que l'avenir du Canada passe par deux rails parallèles, sur des dormants, d'un océan à l'autre. John A. Macdonald le sera également. À partir de ce moment, le futur de l'un sera constamment pris pour l'avenir de l'autre. Et inversement.

Depuis, si, par une journée torride d'été, on se tient debout bien planté sur les dormants d'une voie ferrée bien dégagée qui se perd dans le lointain, et que le soleil plombe à faire vibrer l'air de chaleur, on peut, en plissant les yeux, avoir l'illusion que les deux rails se rapprochent et se confondent. C'est la seule expérience vécue connue de l'unité canadienne.

Le quai de débarquement était en vue. Nous nous préparions à rejoindre notre voiture lorsqu'un des Lowlanders de Janet surgit sur le pont avant, tout désorienté, l'air inquiet, cherchant visiblement quelqu'un, il croit avoir perdu ses collègues, pire, il craint que son groupe l'ait oublié, il s'avance vers moi, en me regardant sans me voir, murmurant :

— *Where? Where are they? Where?*

Il me dépasse et se dirige vers le garde-fou. Un moment, j'ai cru qu'il allait battre des ailes pour joindre son cri de détresse aux lamentations des goélands. Puis, il est reparti sec, en volant vers le pont arrière. Comme s'il avait aperçu la crête de son patron par-dessus les têtes.

Deux ans plus tard, Donald Gordon faisait de nouveau la une des journaux du Québec. Une Commission parlementaire lui a demandé d'expliquer pour quelles raisons il n'y avait aucun Canadien français parmi les dix-sept vice-présidents du CNR.
Le dernier tsar du rail a rétorqué sans sourciller :
— Il y en aura lorsque les Canadiens français seront assez compétents pour occuper les postes !
Cette fois, les manifestants l'ont pendu en effigie.
Ça fait quoi dans la vie un vice-président du CN ? Lever les yeux vers son président, sourire et opiner du bonnet ? À cet égard, le béni-oui-oui égaré du traversier était sûrement un de ces candidats hautement qualifiés et irremplaçables.

Comme l'esquif de Gulliver qui court d'une île à l'autre, la valise sous le capot et le moteur en poupe, notre coquille de noix sur roues poursuivait inlassablement sa route.

En s'approchant du cœur de la ville d'Halifax à la brunante, les couleurs chaudes du paysage sont passées abruptement au noir et blanc des romans de Dickens. Un univers visuel que je connaissais très bien pour avoir fréquenté le bas de la ville montréalais de l'époque.
Rien n'étant franchement noir ou blanc, tout était plus ou moins gris sale. Un décor qui ne demandait pas à être traduit par des peintres, mais par des illustrateurs et caricaturistes victoriens à la façon de Phiz et de Cruikshank.
La fumée de la Révolution industrielle et les intempéries avaient étendu leur empire sur tout le bâti en

charbonnant les toitures, les corniches, le bois, la brique et la pierre des murs, les cadres de portes et de fenêtres. Plus on descendait vers le port, parce que les rues transversales sont comme les paliers d'un escalier qui y mène, plus leur état se dégradait. Elles étaient mal éclairées et toute la vie s'était repliée derrière des portes closes et des rideaux tirés. Aux alentours des quais, l'atmosphère était aussi sinistre et glauque qu'à Montréal dans la rue de la Commune du temps.

Le port était par nature un point de transbordement pour les marchandises et les passagers. Pendant la Deuxième Guerre, des dizaines et des dizaines de milliers de soldats l'ont emprunté pour se rendre en Europe et en revenir.

Peu ont gardé un souvenir impérissable de la ville d'Halifax. Sauf un ancien soldat qui m'entretenait souvent de ses souvenirs, lorsque j'étais derrière le comptoir du commerce paternel.

Il aimait bien rappeler qu'il avait été conscrit pour défendre le territoire du Canada. Ce qui était exact et important pour la suite des choses. Un beau jour, son régiment reçoit l'ordre de se rendre à la gare.

— *All aboard! Next stop, Halifax!*

Vingt-quatre heures après leur arrivée, un nouveau commandement. Tous les soldats du régiment dans la cour, avec leurs effets !

— Prochaine étape, mon homme, on est en rang, pis on marche jusqu'au quai ousque le bateau nous attend. On est au garde-à-vous, pis on regarde le bateau, pis y est assez gros pour se rendre l'aute borre.

« "Penses-tu c'qu'j'pense ?", que je d'mande à mon chum. Y me fait oui de la tête. Pis ç'a pas manqué ! Y ont descendu la passerelle, pis le lieutenant-colonel a grimpé jusqu'à moitié pour qu'on le voueille. Pis y a crié : "*Men ! Get on board !*" Après ça, y est monté d'un bon pas jusqu'au pont, pour nous encourager à le suivre. Parsonne a bougé ! On était prêt à mourir pour le Canada, mais... au Canada !

« Là, y nous ont fait poireauter au grand soleil, pendant des heures, sans manger, sans boire, sans même ramasser les gars qui tombaient dans les pommes. On a tenu not' boutte le temps qu'y fallait pour qu'y s'tannent. On n'était pas pressé, on n'allait nulle part. Pis y ont fini par comprendre qu'on changerait pas d'idée. Fait que "*Back to the camp !*" »

Il prenait ensuite un malin plaisir à raconter que le même manège s'était répété à plusieurs reprises, toutes les semaines, aux deux semaines, puis...

— À fin, on marchait pus ! Y nous transportaient en camion au quai, pis y nous ramenaient au camp après. Une bonne partie des gars jumpaient en chemin pour aller à taverne. Pis là, quand on nous demandait pourquoi on était toujours là, on répondait : "On attend de mourir pour la patrie au Canada !" »

Comme l'esquif de Gulliver qui court d'une île à l'autre, la valise sous le capot et le moteur en poupe, notre coquille de noix sur roues poursuivait inlassablement sa route.

Après avoir cherché en vain à trouver la rue principale d'Halifax dans la configuration du bas de la ville, lorsque Janet a pointé une vitrine qui venait de s'allumer, où l'on devinait un dragon, on s'est écrié simultanément :

— Un restaurant chinois ! Pour tout dire, nous étions agréablement surpris, jusqu'à preuve du contraire. On s'était tellement résigné à l'idée de ne pas pouvoir se mettre de homard sous la dent que l'opportunité même d'y parvenir avait perdu son intérêt.

— Il ne faudrait pas vendre la carapace du homard avant de l'avoir dans l'assiette !

Jean avait parfaitement résumé notre état d'esprit. Nous étions comme ces chasseurs qui, à force de ne pas trouver le Snark, ne l'auraient pas reconnu s'ils l'avaient rencontré. Ou les chevaliers de la Table ronde qui, après avoir recherché le Graal toute leur vie sans résultat, continuaient désespérément à le chercher là où il n'était plus.

Tout ça pour donner tout son poids existentiel et culturel à notre entrée dans un Chinese Palace qui ne payait pas de mine. Tout de suite, j'ai remarqué qu'il n'y avait pas d'aquarium.

Lorsque nous avons abordé la question du homard, le serveur chinois s'est fendu d'un grand sourire.

— *Yes ! Yes ! Lobster fried rice ! Special here ! For four ? Yes ?*

La quadrature du cercle était résolue avec la maestria d'un maître zen qui répond à une question absurde.

Le homard que nous cherchions ne pouvait pas exister tel que chacun de nous l'avait imaginé. À moins de trouver le Graal qui, selon certaines interprétations, était un vase de jade vert qui servait à chacun le plat qu'il désirait.

La cuisine sino-américaine a toujours entretenu des liens élastiques avec la cuisine de la mère patrie, et encore plus dans les années cinquante. Les cuisiniers chinois ont rapidement compris que le goût n'était pas dans l'assiette, mais dans la bouche du client, comme la beauté dans le regard de celui qui regarde. Ils ont donc adapté leurs plats au palais de chacune des villes où ils se sont installés.

Au gré des années, j'ai mangé chinois un peu partout, à Toronto, Vancouver, New York, Boston et je n'ai jamais retrouvé la finesse de goût de la cuisine chinoise montréalaise. Ce qui en dit plus sur Montréal que sur la Chine.

À partir de la soupe won ton, on aurait pu définir le palais de la clientèle locale. Il affectionnait les pâtes bien cuites, les légumes bouillis, le riz un peu détrempé et les sauces sucrées épaisses. Jacques, qui mangeait avec appétit, s'arrêta tout à coup.

— Mon homard goûte plus la "canne" que le homard!

Sa remarque m'a beaucoup amusé parce qu'Alfred Jarry a imaginé une rencontre des plus improbables entre une boîte de corned-beef et un homard dans son *Gestes et opinions du docteur Faustroll, pataphysicien*.

Chacun enviait le sort de l'autre. Le homard admirait la carapace dure de la boîte, qui vantait par écrit les mérites d'une viande sans arêtes, et le résident sédentaire des tablettes était fasciné par la liberté de mouvement d'une boîte de conserve vivante et mobile. La nature étant ce qu'elle est... la boîte de corned-beef propose alors au homard de lui révéler le secret de sa petite clé dorée.

Ce qui fait bien rire Bertrand :

— C'est vrai qu'il y a quelque chose de sexuel dans la petite clé. Lorsqu'on ouvre une canne de corned-beef, en l'enroulant lentement tout le tour de la boîte et qu'ensuite on tire le capuchon, c'est comme si la viande était soudainement dénudée.

Le serveur, tout sourire de nous voir souriants, apporte le thé et le plat de *fortune cookies* qui conclut le repas. Même à l'époque, la suite de l'histoire nous est apparue comme invraisemblable. Je ne peux que la raconter comme elle s'est déroulée.

Janet a été la première à lire le mot qui lui était destiné : « Voir un monde dans un grain de sable et le ciel dans une fleur sauvage. » Jacques à son tour en pige un dans le plat : « Aucun oiseau ne s'élève trop haut s'il vole de ses propres ailes. »

Jean y va du troisième : « Qui n'ose regarder le soleil en face ne sera jamais une étoile. » Et j'hérite du dernier : « Un long voyage commence toujours par le premier pas. »

Janet estime que les trois premiers aphorismes sont de William Blake. De fait, le quatrième semble plus chinois.

Elle connaît bien le poète romantique anglais dont elle sait des vers par cœur :

« Tigre, tigre, brillant comme le feu / Dans les forêts de la nuit / Quelle main immortelle, quel œil / A pu forger ta terrible harmonie. »

Blake était un fou merveilleux qui avait transformé son jardin en paradis terrestre à la fin du XVIIIe siècle pour pouvoir y vivre nu avec sa femme. Pour Jean, c'est un graveur génial.

Lorsque le serveur nous présente l'addition, on ne peut que lui demander qui est responsable du choix des textes. Au milieu d'une pluie de « *Yes! Yes!* », on finit par deviner que c'est un employé et décoder :

— *Dishwasher!*

Un plongeur ? Le serveur s'excite et appuie ses mots chinois de gestes, en pointant mes cheveux et ma barbe.

Un artiste ? Il trace des caractères devant lui pour ensuite écrire à main courante. Un poète ?
— *Yes ! Yes ! Poet !*
Est-ce qu'il travaille ce soir dans la cuisine ?
— *Work no ? No work !*
Et les deux seuls *no* de l'entretien sont complétés par un large sourire.
— *Gone ! Gone ! San Francisco ! Big Chinatown ! Yes ?*
Dommage qu'on n'ait pas eu l'occasion de le rencontrer. Un beatnik amateur de Blake à Halifax, c'était encore plus rare qu'un Chinois.

Poursuivis par un cumulus qui nous avale quand on s'arrête

J'étais un enfant de la rue Fabre, de l'asphalte des rues et du ciment des trottoirs. Ma première rencontre officielle avec la nature, en tant que nature, s'est produite à la petite école, lorsque la bonne sœur nous a demandé d'écrire un texte sur la « première neige ». Ça m'a fait le même effet que si elle nous avait demandé de décrire un phénomène aussi étranger qu'une tempête de sable.

Je savais ce qu'était la neige. J'avais joué dans la neige, j'étais tombé dans la neige, j'avais glissé sur la neige, je m'étais roulé dans la neige et gelé les doigts. J'avais perdu ma tuque dans une poudrerie et même sauté du deuxième étage dans un banc de neige où je m'étais enfoncé jusqu'en dessous des bras. C'était un passant qui m'avait déneigé.

Je savais également aussi que les femmes pestaient et que les hommes sacraient contre la neige. Et qu'au dire de mon père, ma mère aurait porté ses bas de nylon au pôle Nord. Elle avait choisi de nier l'existence de la neige. Mais la neige ? « La » neige ! Et la première en plus ! Ça se voit à quoi que c'est la première ? Quand elle tombe ? Ou quand elle reste ?

Plus j'écoutais la sœur nous expliquer comment composer notre rédaction, plus je me rendais compte que tout ce que je savais sur la neige me serait inutile pour la rédiger. Lorsqu'on faisait du dessin, le plus important n'était pas que le fruit de nos efforts ressemble à une pomme, mais au modèle du dessin de pomme qu'elle nous proposait. Elle nous avait même assuré qu'il n'y avait aucune faute à copier le modèle puisque les grands maîtres l'avaient déjà fait avant nous.

C'était plus compliqué pour l'écrit. On ne pouvait pas utiliser les mêmes phrases sans copier. On devait s'inspirer du modèle qu'elle nous avait lu, et que ça lui ressemble sans faire pareil. La sœur avait beaucoup insisté sur la qualité poétique de la première tombée de neige et sur sa pureté. Il fallait apprendre à reconnaître et à traduire ces moments uniques de poésie. Une façon de nous dire qu'on ne s'adresse pas à la nature comme on parle dans la vie. Il y avait des mots du dimanche pour l'une et les mots de tous les jours pour l'autre.

Après la rédaction sur la « première neige », en suivant le cours des saisons, ce fut sur le « premier bourgeon », puis sur la « première feuille qui tombe ». On a sauté l'été parce que c'est une saison orpheline d'écoliers.

Il n'y avait donc pas à s'étonner que, dans l'esprit populaire québécois, poésie rime avec nature. Les poètes eux-mêmes, d'ailleurs, y ont été pour beaucoup. De la fin du XIXe siècle au milieu du XXe, ils ont assuré la sempiternelle ronde annuelle des saisons, d'abord dans les pages féminines des journaux, puis à la radio, et dans leurs recueils.

Presque tous regardent ce qu'ils voient et décrivent ce qu'ils observent dans la nature. Pour l'un, c'est « un bel arbre qui laisse tomber une feuille de sang sur le feuillage d'or s'amassant au sol » qui marque l'automne. Pour l'autre, dans « une aveuglante soleillée, il semble que la giboulée parle mille aiguilles de feu » annonce l'hiver. Le printemps pour un troisième « élève ses arceaux d'hirondelles, volée sur volée, hauteurs sur hauteur d'ailes ».

Peu d'entre eux ont cherché, par delà l'observation, à voir ce qu'ils regardaient. Une de ces rares exceptions est Nelligan dans *Soir d'hiver* :

« Ah! comme la neige a neigé / Ma vitre est un jardin de givre / Qu'est-ce que le spasme de vivre ? »

Exactement ce qu'on ressent enfant : la neige neige.

Mais surtout Jean-Aubert Loranger dans *Les Atmosphères* :

« Je regarde dehors par la fenêtre. / J'appuie des deux mains et du front sur la vitre. / Ainsi, je touche le paysage, / Je touche ce que je vois, / Ce que je vois donne l'équilibre / À mon être qui s'y appuie. / Je suis énorme contre ce dehors / opposé à la poussée de tout mon corps ; / Ma main, elle seule, cache trois maisons. / Je suis énorme, / énorme... / Monstrueusement énorme, / Tout mon être appuyé au dehors solidarisé. »

Cette pellicule de lumière qui marque la frontière sans laquelle la nature nous absorberait.

Un vieux maître chinois, célèbre dans tout l'Empire du Milieu, travaillait depuis des années sur un tableau qu'il avait enfin terminé. Toute la cour de l'Empereur est invitée pour assister au dévoilement de son nouveau chef-d'œuvre.

Lorsque le paysage, en plusieurs panneaux, apparaît aux yeux des admirateurs du peintre, c'est un éblouissement. Le maître est au sommet de son art. Puis, discrètement, un léger malaise s'installe. Quelques défauts qui auraient été des qualités chez un autre. Quelques fautes d'harmonie qui se laissent deviner plutôt que voir. Le malaise était devenu un embarras. Le maître attendait toujours le commentaire de l'empereur.

Ce dernier, qui avait un énorme respect pour le peintre, a commencé par célébrer son talent et le remercier ensuite de ce tableau qui dépassait tous ceux qu'il avait réalisés avant. Ce qui était vrai. Mais, pour aborder délicatement la réserve qui était dans tous les esprits, il n'arrivait pas à trouver les mots.

Le vieux l'arrête d'un geste. Et en le saluant bien bas, lui dit :

— Je sais ! Il manque la touche finale.

Il se tourne vers son œuvre, lance le pied dans un des panneaux et entre dans le paysage. Sous les yeux émerveillés de toute l'assemblée, les défauts et les disharmonies se sont effacés et le chef-d'œuvre est apparu tel que le vieux maître l'avait voulu.

Comme l'esquif de Cartier qui court d'une île à l'autre, la valise sous le capot et le moteur en poupe, notre coquille de noix sur roues poursuivait inlassablement sa route.

Lorsque nous avons emprunté la Cabot Trail de l'île du Cap-Breton, nous sommes entrés à notre façon dans un paysage. J'avais admiré ceux de la Gaspésie, les caps frondeurs qui s'avancent dans la mer, les falaises qui jouent les vigies, les barachois, les havres. J'avais assisté à des jeux spectaculaires de lumière entre le soleil et la mer. Interrogé le silence de la Roche percée, tout comme je m'étais imbibé de la nature de l'île Bonaventure, au point qu'elle m'habite encore aujourd'hui.

Mais en nous engageant plus avant dans le sentier de Cabot, j'ai de plus en plus ressenti la nature de l'île du Cap-Breton. Ce n'était plus une image que je regardais, mais un état d'âme que je partageais.

Étaient-ce les vues en plongée des coulées qui déboulaient jusqu'au bleu de la mer, la luxuriance de la feuillaison ou la sérénité d'une nature accueillante où le majestueux s'accordait à l'impénétrable? Les seuls mots qui me viennent à l'esprit pour en décrire la teneur sont ceux d'un vers de Baudelaire qui, pour moi, a pris corps le long du sentier de Cabot. « Là, tout n'était qu'ordre et beauté, luxe, calme et volupté. »

Je n'avais pas été le seul à entrer dans le paysage. Jacques Hurtubise m'avait accompagné. Je l'ai su une trentaine d'années plus tard, lorsque j'ai appris qu'il avait quitté Montréal pour planter son atelier à l'île du Cap-Breton, où il poursuit toujours son œuvre.

J'ai pris le volant de la bombette au moment où elle devait relever un défi de taille : gravir une côte, sans fin, sans pause et sans arrêt, par une journée torride à donner la berlue. L'escalade a sans doute duré une trentaine de minutes, dont chacune en valait amplement le double.

Le soleil m'avait dans sa mire. Vire à gauche, vire à droite, il me suivait partout en m'aveuglant. Je devais regarder en dessous de lui pour suivre le ruban argenté du sentier de Cabot qui montait sans cesse en se contorsionnant comme un serpent.

J'ai pensé à mon ami Paul Martin Dubost qui rêvait de faire le pèlerinage d'Amarnath aux Indes – ce qu'il fera, trois fois plutôt qu'une, quelques années plus tard. Un long voyage à pied, qui dure cinq jours, pour se rendre à une grotte sacrée, cinq fois millénaire, située très haut dans les glaciers, où se trouve le Shiva Lingam, un énorme lingam de glace, une stalagmite en fait, qui prend annuellement du volume pour les fêtes religieuses.

Une idée froide m'a traversé la tête. Un goût rafraîchissant de glace dans la bouche, celle d'un popsicle orange. Sauf qu'avec la chaleur régnant dans la nacelle, la glace aurait fondu sur son bâton.

De toute façon, je n'avais que deux mains. L'une occupée au volant, l'autre sur le bras de vitesse et les yeux rivés sur les circonvolutions d'un ruban d'argent qui miroitait en s'ouvrant sur un soleil qui ne me perdait jamais de vue.

Mon ami Dubost devait aimer les foules parce que chaque été, quatre cent mille pèlerins se rendaient dans le Cachemire pour parcourir la trentaine de milles qui menaient au sanctuaire d'Amarnath. La marche était si éprouvante qu'un grand nombre d'entre eux tombaient en chemin, incapables de continuer, presque morts d'épuisement, et une centaine d'autres rendaient carrément l'âme. Comme les voitures au capot levé et à la falle basse qu'on dépassait depuis le début de cette interminable ascension.

J'imaginais Paul, grimpant les glaciers de son pas résolu, avec l'accompagnement aérien du sarod d'Ali Akbar Khan. Pour accompagner le début de notre montée, j'aurais bien invité le vibrato et le trémolo du saxophone de Sidney Bechet, avec son sens explosif de la fête toujours partant pour défiler dans les rues, son goût pour la chaleur envoûtante des rythmes langoureux et son art d'aller trouver les notes dans l'ombre pour les amener à la lumière. À mi-chemin, le saxophone de Charlie Parker l'aurait remplacé avec sa dextérité, et ses bourrées de notes haletantes et syncopés, ses envols d'oiseau, que dis-je, l'envolée de toute une volière, chacun des oiseaux répondant à l'autre, et l'espoir démesuré que leurs improvisations ne s'arrêtent jamais.

J'aurais confié les derniers milles au saxophone de John Coltrane, déterminé, entêté, obstiné, passant constamment du plus aigu au plus rauque, répétant les mêmes phrases avec insistance comme des mantras, courant désespérément après une note, jamais la même, mais toujours la seule, l'unique, « la » note libératrice, sans jamais l'atteindre.

Ouf! Nous étions enfin arrivés au sommet de la côte. Et j'avais eu un bref aperçu de ce que les mystiques doivent éprouver lorsqu'ils parlent de s'élever dans la lumière!

Comme l'esquif de Cartier qui court d'une île à l'autre, la valise sous le capot et le moteur en poupe, notre coquille de noix sur roues poursuivait inlassablement sa route.

Bertrand a repris le volant en partance pour North Sydney. Jacques lui demande par pure curiosité, s'il y a un South Sydney? Pince-sans-rire, Jean lui répond :
— Oui! En Australie!

Que savait-on de plus sur l'île des Terres neuves, qui était notre destination, que sur les Terres australes? Se rappeler peut-être que les Patriotes ont été exilés en Australie. Mais qui se souvient que l'île des Terres neuves a été conquise en 1696 par Le Moyne d'Iberville, avec l'aide d'une troupe de 125 Canayens ? Plus qu'un raid ! Plus de 700 prisonniers, 200 tués, 36 établissements détruits, plus de 350 chaloupes brûlées ou confisquées, un stock colossal de morues, 1 500 milles carrés de territoire et Saint-Jean incendié. Il ne faudrait pas s'attendre à trouver une plaque commémorative sur l'île.

North Sydney était le port d'embarquement pour la traversée à Port-aux-Basques. Un trajet de six heures qui nous a permis de passer une nuit en mer. La soirée prenait de l'âge quand nous sommes entrés dans le bar-salon du navire. J'étais avec Jean. Nous avons compris tout de suite, à l'atmosphère, que nous avions quitté le monde des morues séchées pour un banc de morues excentriques, frétillantes, fantasques et loquaces.

Un homme nous a invités immédiatement à sa table. Une belle tête, des cheveux frisés grisonnants, le visage carré, des yeux bleus, il portait un complet veston, mais il avait le gabarit musclé d'un ancien pêcheur. Après les échanges d'usage pour savoir d'où l'on venait, il nous a annoncé qu'il était politicien et qu'à ce titre, il était heureux de nous souhaiter la bienvenue officiellement dans son pays.

C'était ça la différence. Les morues séchées avaient d'abord une religion. Lui, il avait d'abord un pays, Terre-Neuve. Et, peut-être, une religion. Il ne parlait pas l'anglais de *Sunday School* des prédicateurs que nous avions l'habitude d'entendre, mais un anglais plus robuste, plus élisabéthain pour faire image. Pourquoi pas celui de sir Francis Drake !

Pour parler le langage des bars, il était avancé, mais il n'était pas encore faite. Il a calé son verre de bière et nous a dit :

— Je fais la déclaration que je suis saoul. Si je parle et débite de travers, mettez-le sur le compte de la bière, car je vais vous conter la légende et la vie de mon pays.

Et il s'est lancé dans la déclamation d'un poème épique sur l'histoire de l'île des Terres neuves. Il venait sûrement d'une tradition orale, comme celle des Gallois, où l'on connaît des poèmes par cœur depuis des générations. Il avait une voix bien placée, puissante, et un ton déclamatoire solennel, comme celui de Dylan Thomas, que je connaissais par les disques qu'il avait enregistrés.

Je ne me souviens pas des vers, mais de l'esprit général de la narration, par des extraits de poèmes qui en traduisent un peu l'esprit.

Nous sommes dans un bar où le silence s'est fait pour l'entendre. L'homme ferme les yeux comme s'il revoyait les choses dans le passé comme un barde. Et le poème jaillit :

« Ils reviennent toujours ces monstres de la mer / Cette couvée du vent du nord, / Ces enfants du froid, longtemps emmaillotés et nourris dans les plis des hivers blancs, / comme les mondes à naître dans l'éternité. »

Il ouvre les yeux et regarde son public.

« Maintenant mes frères, saluons ces icebergs / du Labrador gelé / flottant comme des spectres au clair de lune / le long des rives basses et noires / lorsqu'il neige des plumes de fous de Bassan / sur les rochers de ce vieux Bradord / et que les guillemots volent au-dessus de nos têtes comme des nuages noirs. »

Et le poème s'est poursuivi, mêlant des éléments de saga nordique et de mythologie grecque pour le plus grand plaisir des auditeurs qui de toute évidence connaissaient le poème. Et le tout s'est terminé par notre hôte qui a entonné l'hymne national de Terre-Neuve dont le refrain – que je traduis librement – a été repris en chœur :

« Rayonnante, gelée, ou balayée par le vent / Terre-Neuve nous t'aimons (bis) / Nous t'aimons par tous les temps. »

En observant l'équipage de notre bar, où nous étions les seuls touristes, on l'imaginait facilement échanger avec les marins de Jacques Cartier. On se rendait à Port-aux-Basques, après tout ! Les Terre-Neuviens, qui se sont joints à la Confédération après huit référendums, possédaient une réelle identité. Ils avaient l'habitude des étrangers, auxquels ils portaient une attention réservée. L'exotisme était débarqué trop souvent sur leurs côtes pour qu'ils en fassent un plat.

Comme l'esquif de Cartier qui court d'une île à l'autre, la valise sous le capot et le moteur en poupe, notre coquille de noix sur roues poursuivait inlassablement sa route.

Avant de quitter Port-aux-Basques, nous n'avons pas pu résister à l'appel d'une plage au sable blond qui s'étendait à perte de vue. Debout devant une mer placide et insondable, on était au bout du monde. Seuls, devant l'infini, sur une plage sauvage et vierge. On aurait dû se méfier.

Nous nous sommes engagés, Jacques et moi, dans notre rituel du test de la température de l'eau salée. Nous avancions lentement dans la mer, en sentant, non pas le froid, mais un bleu glacial monter progressivement le long de nos jambes. Du coin de l'œil, on s'observait mutuellement pour déterminer lequel lâcherait le premier avant le grand saut. Nous avons plongé, on pourrait dire à reculons, avant le point de non-retour, en effectuant naturellement un mouvement de torsion, une sorte de répulsion du corps qui nous a permis de nous relever, sans avoir presque touché l'eau, comme des chats qui sautent dans une baignoire et semblent rebondir sur la surface.

Ce fut le coup de froid de l'Arctique qui a lancé la *ride* de six cents milles qui nous a menés à Saint-Jean. Nous étrennions la route, en quelque sorte. À ce qu'on nous a dit, elle avait été ouverte l'année même, avec la jonction des deux tronçons, l'un en provenance de Saint-Jean et l'autre de Port-aux-Basques. Jusque-là, les voitures et les camions devaient prendre place sur des wagons plats pour être véhiculés par chemin de fer sur une distance d'une cinquantaine de milles. Ce qui allongeait le parcours d'au moins deux heures, sinon plus, dans un sens comme dans l'autre.

C'était un pays où l'on ne pouvait pas chanter à une fille « J'ai pour toi un lac » ! Même s'il y avait eu cent fois plus de femmes, il y aurait toujours eu mille fois plus de lacs.

La richesse visible du pays était ses enfants. Chaque fois qu'on s'arrêtait, on était aussitôt entouré d'une foule joyeuse de mioches, aux visages ouverts, curieux sans trop le montrer, qui nous regardaient droit dans les yeux.

Il faut dire que la bombette faisait sensation. Que quatre adultes puissent en sortir et y entrer était une source d'émerveillement. Ils n'étaient pas riches, mais ils étaient assez fiers d'être ce qu'ils étaient pour ne pas être pauvres.

Lorsqu'on quittait la route pour explorer l'arrière-pays en suivant un chemin qui annonçait un village, il se transformait rapidement en une piste qui contournait littéralement les maisons de l'agglomération. Ainsi, on passait dans la cour de l'un, devant le perron de l'autre et lorsqu'on s'arrêtait, parce que le sentier prenait fin avec la dernière maison, nous étions suivis par la horde d'enfants qui s'était formée depuis notre entrée dans leur village et qui nous accompagnerait jusqu'à notre sortie.

La Confédération, nous a-t-on raconté avec humour par la suite, était la grande responsable de ce baby-boom. Les Terre-Neuviens avaient pris goût aux chèques d'allocation familiale. Le fait d'être payé pour faire des enfants aurait ainsi augmenté indûment le goût et le plaisir d'en faire.

Sur ses six cents milles, la route n'était pavée au plus que sur une centaine. Et encore, la laize d'asphalte n'était pas continue. Elle était découpée en petites retailles, au gré des agglomérations.

Les routes en planche à laver des Laurentides étaient moelleuses en comparaison avec la variété des tapis de roches qu'on rencontrait : du gros caillou à la poussière de roche, en passant par la garnotte industrielle pour les camions de seize roues, et toutes les autres variétés de garnotte : le gravois, la gravelle et la rocaille.

On filait bon train sur la route, poursuivis par un nuage de poussière, un cumulus qui nous avalait lorsqu'on s'arrêtait. Ce qui a donné une des plus remarquables scènes de notre virée.

Jacques, qui conduisait, avait soif depuis un moment. Il aperçoit une bicoque avec ce qui semble être une annonce de cigarettes, et un monsieur qui fume la pipe sur une chaise berçante. Il met les freins en catastrophe et jaillit de la voiture, en s'enfonçant dans le nuage pour lancer un retentissant:

— Y a-tu du Coke icite?

Quand la poussière est retombée, on a aperçu le vieux, la bouche ouverte, momifié sur sa chaise. On pouvait lire sur ses traits le choc d'avoir vu surgir d'un nuage un étranger lui lançant dans une langue bizarre un incompréhensible «*Yatuducokicite*?» Il avait sûrement cru que les Vikings étaient de retour pour reprendre possession de son île.

Pendant tous nos échanges ultérieurs, où l'on devait lui désigner du doigt ce qu'on voulait, il acquiesçait constamment du bonnet. Si nous étions repartis sans le payer, il aurait probablement acquiescé.

Lorsqu'il s'est rassis sur sa chaise avec sa pipe, en nous regardant disparaître dans un nuage de poussière, comme nous étions d'abord apparus, il doit s'être dit que c'était une hallucination.

C'est la dernière image vive que je conserve de ce voyage. Comme s'il s'était figé sur cette vision d'un nuage de poussière qui court jusqu'à Saint-Jean pour retrouver la mer.

Dans le tableau d'ouverture de ses *Âmes mortes*, Gogol décrit avec beaucoup de soin le pantalon, le frac à la mode et la chemise fermée par une broche d'un personnage qui déambule dans les rues d'une ville enneigée. Sa seule fonction est d'assister au passage d'un carrosse, qui transporte le destin du roman dans un tourbillon blanc, en retenant sa casquette pour ne pas qu'elle parte au vent. Si je vois le nuage avec les yeux de l'ahuri, il sait ce qu'il a vu y entrer, mais il ignore ce qui va en sortir. Des œuvres ! Des amours ! Des amitiés ! Un voyage se termine, soit parce qu'on n'a plus de sous, soit parce qu'on a trouvé ce qu'on cherchait.

Ce voyage avait changé ma vie. Sans gourou pour la transformer. Sans révélation inoubliable. Je savais qu'elle serait dorénavant celle d'un artiste. Je me trouverais un atelier et quitterais le toit familial. Et je savais que le *fortune cookie* de Janet aurait dû se lire : « Un admirateur dans votre entourage cache son affection pour vous. »

Rétrospectivement, mon seul regret est qu'avant de quitter l'île des Terres neuves, on n'ait pas pu donner suite à notre projet de faire un détour par Argentia, dans la baie de Plaisance.

Du port d'embarquement du traversier, nous aurions pu voir de nos yeux le but de notre équipée : les îles Saint-Pierre-et-Miquelon.

J'aurais pu les contempler du point de vue du baron de Lahontan. Il commandait Fort Plaisance, où il a rédigé ses *Dialogues avec un Sauvage d'Amérique* en 1693. Par la suite, j'aurais pu l'imaginer à sa table, baignant dans la même lumière, se remémorant la réponse du chef Kondiaronk à sa question :

— Pourquoi ne vous faites-vous pas Français ?

Lahontan avait assez d'esprit pour en accorder autant à son interlocuteur, qui lui avait répondu :

— Supposons que je devienne subitement Français ! Il faudrait d'abord que je commence par être chrétien.

Ensuite, je devrais me faire la barbe tous les trois jours. Parce qu'une fois français, je deviendrais aussitôt velu et barbu comme une bête. C'est ça que je trouverais le plus difficile. Le poil! A-t-on déjà vu un Sauvage qui en ait eu? Ailleurs que dans les livres?

Pas plus que je n'avais rencontré un Terre-Neuvien qui ait ressemblé de près ou de loin à un gag de Newfie!

Sortant d'un nuage de poussière, la valise sous le capot et le moteur en poupe, notre coquille de noix sur roues rentrait au bercail.

Table des matières

Comme une image se dévoile au révélateur 11
Ne m'attendez pas ce soir, car la nuit sera noire
  et blanche! 21
L'œil de Dieu, les yeux d'Artaud et le théâtre
  québécois 33
Comme un rêve à la belle étoile sous un chapeau
  cabossé 43
Le flux des marées dans la conduite des partys 53
L'homme est l'ombre d'un songe, et son œuvre
  est son ombre 61
Le corps des acteurs et la patrie de l'auteur 71
Ivres de peinture comme deux vieux ivrognes 83
Sur le chemin de la Roche percée 91
Le souvenir d'un présent inaltérable 101
Avec une ligne d'infinitude gravée au fond
  de la rétine 115
Cachons ce boire que nous ne saurions voir! 131
La revanche de l'huître sur le homard 143
Comme l'esquif de Gulliver qui court
  d'une île à l'autre 159
Poursuivis par un cumulus qui nous avale
  quand on s'arrête 173

Collection L'Arbre

Romans ■ Récits ■ Contes ■ Nouvelles ■ Théâtre

ABITOL Bob Oré	■	*Le Goût des confitures*
APRIL Jean-Pierre	■	*Télétotalité*
AUDET Noël	■	*Quand la voile faseille*
BARBANCE Maryse	■	*Toxiques*
BONENFANT Joseph	■	*Repère*
BONIN Jean-François	■	*La Taverne du Coq à l'âne*
BONVOULOIR BAYOL Thérèse	■	*Les Sœurs d'Io*
BOSCO Monique	■	*L'Attrape-rêves*
BOSCO Monique	■	*Bis*
BOSCO Monique	■	*Boomerang*
BOSCO Monique	■	*Clichés*
BOSCO Monique	■	*Confiteor*
BOSCO Monique	■	*Éphémères*
BOSCO Monique	■	*Le Jeu des sept familles*
BOSCO Monique	■	*Mea culpa*
BOSCO Monique	■	*Portrait de Zeus peint par Minerve*
BOSCO Monique	■	*Remémoration*
BOSCO Monique	■	*Sara Sage*
BOURDON Marie-Claude	■	*Le Temps brûle*
BROSSARD Jacques	■	*Le Métamorfaux*
CARDINAL Roseline	■	*Juliette et les autres*
CARPENTIER André	■	*L'Aigle volera à travers le soleil*
CARPENTIER André	■	*Rue Saint-Denis*
CHABOT Denys	■	*L'Eldorado dans les glaces*
CHABOT Denys	■	*La Province lunaire*
DAVIAU Diane-Monique	■	*Dessins à la plume*
DAVIAU Diane-Monique	■	*Histoires entre quatre murs*
DUBÉ Cécile	■	*Le Blues de Schubert*
DUBÉ Cécile	■	*La Petite Cantate*
ÉTHIER-BLAIS Jean	■	*Le Manteau de Rubén Dario*
FERRON Jacques	■	*La Charrette*
FERRON Jacques	■	*Contes (édition intégrale)*
FERRON Madeleine	■	*Le Baron écarlate*
FERRON Madeleine	■	*Cœur de sucre*
FERRON Madeleine	■	*La Fin des loups-garous*
FINDLEY Timothy traduction : Eric Diacon	■	*Guerres*
FONTAINE Nicole	■	*Moi j'avais pas l'habitude de naître*
FUGÈRE Jean-Paul	■	*Popa, Moman et le saint homme*
GERMAIN Jean-Claude	■	*La femme nue habillait la nuit*
GERMAIN Jean-Claude	■	*Le Cœur rouge de la bohème*
GERMAIN Jean-Claude	■	*Rue Fabre, centre de l'univers*
GHALEM Nadia	■	*Les Jardins de cristal*
GLASSCO John traduction : J.-Y. Souci	■	*Souvenirs de Montparnasse*
GODBOUT Jacques	■	*D'Amour P.Q.*

GRANDBOIS Alain	■	*Avant le chaos*
HÉBERT Anne	■	*Le Temps sauvage (théâtre)*
HÉBERT Anne	■	*Le Torrent*
ISSENHUTH Jean-Pierre	■	*Deux Passions*
KATTAN Naïm	■	*Châteaux en Espagne*
KATTAN Naïm	■	*Farida*
KATTAN Naïm	■	*Je regarde les femmes*
KATTAN Naïm	■	*La Distraction*
KATTAN Naïm	■	*La Fiancée promise*
KATTAN Naïm	■	*La Fortune du passager*
KATTAN Naïm	■	*Les Fruits arrachés*
KATTAN Naïm	■	*Le Gardien de mon frère*
KATTAN Naïm	■	*La Reprise*
KATTAN Naïm	■	*Le Rivage*
KATTAN Naïm	■	*Le Sable de l'île*
KATTAN Naïm	■	*Le Silence des adieux*
KATTAN Naïm	■	*La Traversée*
KROETSCH Robert traduction : G.A. Vachon	■	*Badlands*
LAMONTAGNE Ann	■	*La Flèche du temps*
LAURENDEAU André	■	*Théâtre : Deux femmes terribles, Marie-Emma, La vertu des chattes*
LEBLANC Huguette	■	*La Nuit des immensités*
LÉVESQUE Solange	■	*L'Amour langue morte*
LUSSIER Luc	■	*Silence, on coupe !*
MARCOTTE Gilles	■	*Un voyage*
MCLENNAN Hugh traduction : L. Gareau-Desbois	■	*Deux Solitudes*
MCLENNAN Hugh	■	*Le Matin d'une longue nuit*
MEIGS Mary traduction : Michelle Thériault	■	*Lily Briscoe : un autoportrait*
MICHEL Pauline	■	*Mirage*
MONETTE Madeleine	■	*Les Rouleurs*
RACINE Jean	■	*Fragments indicatifs*
RÉGNIER Michel	■	*Amazone*
RÉGNIER Michel	■	*L'Homme courbé*
RÉGNIER Michel	■	*Retour à Corézy*
RENAUD Thérèse	■	*Une mémoire déchirée*
ROY Gabrielle	■	*La Route d'Altamont*
ROY Jean-Louis	■	*Des vies et des fleuves*
ROY Jean-Louis	■	*Le Pèlerin noir*
SÉGUIN Pierre	■	*La Plus ou moins véridique histoire du facteur Cheval et de sa brouette*
SIMARD Jean	■	*La Séparation*
STANKÉ Claudie	■	*L'Anse-Pleureuse*
STÉPHANE Michel	■	*Feux de joie*
THÉRIAULT Yves	■	*Contes pour un homme seul*
THÉRIAULT Yves	■	*Moi, Pierre Huneau*
THOMAS Audrey traduction : P. DesRuisseaux	■	*Marées*
VOIDY Jeanne	■	*Les Contes de la source perdue*

Suivez-nous

Achevé d'imprimer en mars 2013
sur les presses de Marquis Imprimeur
Montmagny, Québec